Volker Friebel

Schlüssel in kleine Hände

Volker Friebel

Schlüssel in kleine Hände

Phantasiereisen, Geschichten und Vorstellungsübungen

Herder Freiburg · Basel · Wien

Gedruckt auf umweltfreundlichem,
chlorfrei gebleichtem Papier

Einbandillustration: Ottilie Reylaender, Mädchen im Wald, um 1904, Heimatmuseum
Stade, © Susanna Böhme-Netzel

Umschlaggestaltung: Eberle & Kaiser, Freiburg, nach einem Entwurf
von Meike Hürster, Freiburg

Alle Rechte vorbehalten – Printed in Germany
© Verlag Herder Freiburg im Breisgau 1997
Herstellung: Freiburger Graphische Betriebe 1997
ISBN 3-451-26135-9

Inhalt

Inhalt

Inhalt

Inhalt

Einführung

Die Welt begreifen Kinder im Spiel. Was uns so hart geworden ist, so fest, mit „ehernen Regeln", die wir erkannt zu haben glauben – einmal war das alles im Fluß, weniger fest, weniger hart, immerhin auch schon vorhanden, Wasser statt Holz oder Stein.

Irgend etwas drängt nach dem Festen, nach einer Sicherheit, die darin wohl liegen muß. Was wir dann wissen, was wir dann glauben, es ist recht verschieden. Jeder baut sich die Welt ganz verschieden auf. Jeder glaubt, sie sei so, wie er sie bauen kann.

„Nur was wir glauben, wissen wir gewiß", heißt es bei Wilhelm Busch. So leben wir wie eingesperrt in unseren eigenen Vorstellungen, in den Linien einer Welt, die wir doch selbst erst gezeichnet haben. Die Linien seien nun gut gezogen oder mit wackliger Hand; immer ist es eine Hand, die sie zieht. Vorher sind sie nicht da.

Das muß wohl auch so sein. Aber oft sind Ansichten über die Welt nach Erfahrungen gezeichnet und fest geworden, die heute nicht mehr gelten, nach falschen Beurteilungen, Zufälligkeiten. Oft waren sie immer schon schief.

Festes Land unter den Füßen nach einer Seefahrt, das mag vielleicht alles sein, was einer verlangt. Aber dann merken, sich an einem Vulkan niedergelassen zu haben oder im Sumpf ... Es gibt so verschiedene Gegenden in dieser Welt. Oft sind es erst Schwierigkeiten oder Probleme, die uns erlauben, umzudenken und die Vielfalt des Bestehenden und Möglichen neu zu sehen.

„Merkt euch das. Die Welt ist ganz, ganz anders, als man glaubt", heißt es in einer Geschichte von Linde von Keyserlingk. Das ist einer dieser Momente. Und wenn sich die Welt schon wie-

11

der festfügt, durch dieses „Merken", dann wenigstens *besser*, angemessener für uns und die anderen um uns herum, um gut in ihr zu leben.

Die Phantasiereisen und Geschichten dieses Buchs sollen Schlüssel für Kinder sein, Schlüssel, um etwas zu „drehen". Auf fünf Kapitel sind sie verteilt.

Im ersten Kapitel steht eine Anzahl von Phantasiereisen. Das sind Texte, wie sie aus Entspannungsübungen für Kinder entwickelt wurden. Sie können der Entspannung dienen – und auch dem Schöpfen von Kraft. Das Vorlesen solcher Phantasiereisen läßt sich eigentlich immer empfehlen. In der Einführung zu diesem ersten Kapitel wird alles weitere darüber gesagt.

Das zweite Kapitel versammelt eine Anzahl thematischer Vorstellungsübungen. Äußerlich entsprechen sie den Phantasiereisen des ersten Kapitels. Inhaltlich haben sie aber nicht nur Ruhe und Kraft, sondern ein Thema zum Inhalt, etwa ein bestimmtes Problem oder eine Lebenssituation. Vor jeder thematischen Vorstellungsübung stehen Hinweise für den Vortragenden.

Das dritte Kapitel ist eine Sammlung vermischter Kindergeschichten. Die Form ist eine andere als bei den thematischen Vorstellungsübungen, die Themen sind oft ganz ähnlich. Die erste Geschichte („Das Geschichtenheft") stellt einen Rahmen her. Larissas Mutter erzählt den Kindern immer eine Geschichte. Zwei Kinder schreiben die Geschichten auf und erfinden manchmal das Ende ganz neu.

Das vierte Kapitel handelt von einer besonderen Gruppe aus dem Geschichtenheft. Ein Schutzengel ist auf der Suche danach, was Angst ist, um einem Kind helfen zu können.

Das fünfte Kapitel beschäftigt sich mit dem Einfluß von Worten auf das, was ist, und auf die Art, wie wir es erleben – natürlich auch damit, wie Worte das alles verändern können.

Am besten werden die Geschichten vorgelesen. Zum Beispiel abends nach dem Zubettgehen. Oder tagsüber einfach nur so. Bei den Phantasiereisen und den thematischen Vorstellungsübungen geht das anders gar nicht. Sie benötigen jemanden, der sie von außen vorgibt. Die Geschichten des dritten, vierten und fünften Kapitels können auch von den Kindern selbst gelesen werden.

Die Geschichten des vierten und des fünften Kapitels beziehen sich jeweils aufeinander. Sie sollten daher zunächst in ihrer Reihenfolge gelesen werden. Ansonsten bauen die Übungen und Geschichten nicht aufeinander auf. Wichtige Hinweise für das Vorlesen stehen bei den beiden ersten Kapiteln in den Vorbemerkungen. In den Texten dieser Kapitel spielen nämlich die Pausen eine wichtige Rolle.

Da sind nun Schlüssel. Sie brauchen immer jemanden, der sie verwendet. Das kann nur ein Kind. Sie anzubieten, das nur ist unsere Sache. Das Öffnen von Türen soll wie ein Spiel sein. Welcher Schlüssel nun paßt – das zeigt uns erst die Geduld.

13

Phantasiereisen

Die folgenden Phantasiereisen dienen zur Entspannung und zum Schöpfen neuer Energie. Sie sollten sehr langsam gelesen, am besten vorgelesen werden, um die Bilder ganz auf den Hörenden einwirken zu lassen. Drei Punkte stehen für eine längere Pause. Hier ist Raum für die eigenen Vorstellungen des Hörenden. Denn wichtig ist weniger das genaue Zuhören. Wichtig ist, sich von den Worten zu eigenen, für einen selbst stimmigen inneren Bildern anregen zu lassen.

Manchmal sind in den Phantasiereisen Entspannungsformeln eingebaut. In „Brunnen am Feldweg" beispielsweise heißt es gegen Ende:

Du spürst die Ruhe in dir ... Du spürst die Schwere der goldenen Ähren ... Du spürst die Wärme der Sonne ... Du fühlst dich ruhig, schwer und warm ...

So liegst du ein Weilchen und achtest auf alles um dich herum ... Du schöpfst dir neue Kraft aus der Stille ...

Ruhe, Schwere, Wärme: Das sind Übungsformeln aus dem Autogenen Training. In Phantasiereisen werden sie ganz getragen von Bildern. Auch der Atem kommt oft noch dazu.

Dein Atem geht ein und aus, ein und aus, ganz ruhig und gleichmäßig, ganz von allein ...

Ruhe, Schwere, Wärme und Atem sprechen Entspannung an. Und oft ist die Rede von der Kraft, die in der Ruhe, in der Stille entsteht.

Wenn dem Kind bildhafte Vorstellungen schwer fallen (das ist nur selten der Fall), wenn es bloß zuhört und auf die nächsten

Worte wartet, statt sich die geschilderte Situation selbst auszumalen, dann kann auch ab und zu nach einem Bild gesagt werden: Stell es dir genau vor – und stell dir auch vor, was es dort sonst noch alles gibt.

Wichtig sind die Stimmung, in die Phantasiereisen einführen, ihre Bildhaftigkeit und die Langsamkeit des Lesens.

Phantasiereisen können eigentlich immer gehört werden. Nach einer Aktivität können sie dazu dienen, das Kind wieder etwas „herunterzubringen". Sie können vor einer Aktivität gelesen bzw. durchgeführt werden, in der es um Ruhe und Konzentration geht, zum Beispiel vor den Hausaufgaben. Inzwischen führen viele Lehrer vor einer Klassenarbeit mit Kindern eine kurze Phantasiereise durch, um den Druck von den Kindern zu nehmen und ihre inneren Kraftquellen anzusprechen. Besonders gut eignen sich Phantasiereisen als Gutenachtgeschichten. Sie unterstützen die Bewegung vom Trubel des Tages zur Ruhe. Verweilen bei den ruhigen Bildern der Phantasiereisen erleichtert das Einschlafen.

Die folgende Sammlung von Phantasiereisen ist breit gefächert. Ganz unterschiedliche Bilder werden angesprochen: Meer, See, Baum, Brunnen, Wald, Feldweg, Bach, Blume – fast durchweg beruhigende Bilder aus der Natur. Die müssen nun nicht etwa alle nacheinander vorgelesen werden. Wenn ein Kind das Meer liebt und eigene Erfahrungen damit verbinden kann, dann ist eine Phantasiereise über dieses Thema die beste.

Die Phantasiereisen in diesem Kapitel dienen fast nur der Entspannung. Probleme werden – anders als bei den Stücken des nächsten Kapitels – nur manchmal andeutungsweise angesprochen. Stücke, mit denen sich Entspannung beim Kind gut erreichen läßt, sollten immer wieder einmal vorgelesen werden. (Und wenn

15

das Kind sie auch ohne Vorlesen nutzen lernt: um so besser!) Stücke, von denen das Kind sich nicht angesprochen fühlt, läßt man eben beiseite.

Es sind nicht die Worte, sondern die Bilder. Die Worte sollten ganz einfach so gelesen werden – je nach Alter und Auffassungsgabe, je nach den Vorerfahrungen des Kindes vielleicht verändert, gekürzt, erweitert –, daß die Bilder zum Kind gut hinüberkommen.

Nach der Phantasiereise kann es oft gut sein, das Kind mit ein paar Worten wieder zurückzuholen. Etwa: „Und dann ist die Phantasiereise zu Ende. Wenn du soweit bist, dann öffnest du die Augen und streckst dich ein bißchen.“

Blatt übers Meer

Am Strand des Meeres liegt ein Blatt. Vielleicht ist es mit dem Wind von irgendeinem Baum hierher geweht. Vielleicht haben Kinder es gepflückt und gebracht und nach dem Spielen vergessen …

Wellen lecken weit den Sandstrand hinauf. Eine besonders große Welle hebt das Blatt und reißt es ins Meer. Donnernd schlagen die Wellen über ihm zusammen, schäumendes Wasser, die Gischt … Das Blatt ist verschwunden …

Doch es taucht wieder auf! Ein-, zwei-, dreimal trägt eine Welle es mit auf den Strand – und reißt es wieder zurück, kaum daß es den Sand berührt …

Ein-, zwei-, dreimal verschwindet es in schäumender Gischt – und taucht wieder auf. Es ist leichter als Wasser, immer wieder taucht es ans Licht …

Eine Strömung hat das Blatt erfaßt, die wandert hinaus, auf offene See, fort vom heimatlichen Strand ...

Um das Blatt plätscherndes Wasser ...

Unter dem Blatt die Stille der tieferen See ...

Über dem Blatt Schreie von Möwen ...

Geruch von Salz in der Luft ...

Mit der Strömung treibt das Blatt immer weiter hinaus, aufs offene Meer ...

Manchmal fährt ein Segelboot an ihm vorbei. Stimmen von Menschen, Wind schlägt in gespannte Segel und pfeift übers Holz ... Einmal kreuzt in der Ferne ein großes Schiff seinen Weg...

Eines Tages ein neues Geräusch: Dröhnen von Brandung. Erst weit in der Ferne, dann immer näher und lauter ...

Wieder die Möwenschreie ...

Eine Welle wirft das Blatt an den Strand ... Die nächste reißt es wieder zurück ... Und wieder hinauf, von einer besonders großen Woge weit hochgetragen und abgesetzt ...

Da liegt es nun sicher und ruht, auf der anderen Seite des Meeres ... Die Sonne ist die gleiche, hier und dort. Sie trocknet es schnell ...

Brunnen am Feldweg

Du gehst auf dem Feldweg ... Der Himmel ist blau, Wanderwolken ziehen hoch oben, die Sonne scheint warm auf das Land ...

Du schlenderst dahin ...

Du achtest auf deine Schritte, spürst den Boden unter den Sohlen ...

Vielleicht summst du ein Lied vor dich hin, vielleicht hörst du auf die Lerche über dir und ihre endlose Melodie ...

Am Rand des Kornfelds blüht roter Mohn. Die zahllosen Ähren des Feldes wiegen sich alle gemeinsam im Wind ... Das Geräusch, wenn Ähren aneinanderschlagen ...

Du riechst an der Kamille – wie sie duftet!

An einer Wegkreuzung steht der Brunnen. Da plätschert Wasser aus einem stumpfen Metallrohr ins Becken aus grobbehauenem Stein ... Du schaust ins Wasser, beobachtest das Quirlen und Sprudeln, dort wo der Wasserstrahl auftrifft ...

Du siehst im Spiegel den Himmel und dein Gesicht ... sie bewegen sich im schwankenden Wasser ...

Neben dem Brunnen steht eine Bank. Du legst dich auf sie und schließt die Augen ...

Über den Feldern hörst du die Lerche ... Du hörst den Wind über die Ähren gehen ... Von fern tönt ein Traktor ... Von einem Dorf her beginnen Glocken zu läuten, fern nur, ganz fern ... All die Geräusche – es ist etwas wie brausende Stille ...

Du spürst die Ruhe in dir ... Du spürst die Schwere der goldenen Ähren ... Du spürst die Wärme der Sonne ... Du fühlst dich ruhig, schwer und warm ...

So liegst du ein Weilchen und achtest auf alles um dich herum ... Du schöpfst dir neue Kraft aus der Stille ...

Unter dem Apfelbaum

Stell dir vor, du verläßt den Weg draußen zwischen den Äckern und Feldern und trittst auf die Wiese. Du gehst ganz langsam und empfindest die Erde, empfindest das weiche Gras unter den Sohlen ...

Das Geräusch des Grases, wenn du einen neuen Schritt machst ... Das Gefühl in deinem Fuß, wenn du ihn abhebst ... wenn du ihn durch die Luft bewegst ... wenn du ihn aufsetzt ... Mit langsamen Schritten gehst du über die Wiese in den Schatten des Apfelbaums ...

Du setzt dich, lehnst an den Stamm. Du spürst den Boden unter dem Po, du spürst die rauhe Rinde an deinem Rücken ... Der Baumstamm hält dich ... die Erde trägt dich ... Hier bist du zu Hause ... Über dir ziehen Wanderwolken durchs Blau ...

Durchs Blattwerk des Apfelbaums blinzelt die Sonne ... Tanzende Strahlen kitzeln dich an der Nase ... Mal Licht, mal Schatten ... Du schließt die Augen, die Sonne wärmt dir die Lider ...

Geruch von duftendem Gras ... Geruch der Baumrinde ... Du meinst fast, etwas wie einen Geruch der warmen Sonne zu empfinden ...

Von den Feldern her tönt das Lied einer Lerche ... Von fern ist ein Traktor zu hören ... Grillen zirpen ... Dein Atem strömt ein und aus ... All die kleinen Geräusche – und doch ist da etwas wie tiefe Stille ... die Geräusche zeigen die Stille auf ... Jedes der kleinen Geräusche macht die Stille noch tiefer ...

So lehnst du ein Weilchen auf der Wiese am Apfelbaum und achtest auf alles um dich herum ... Du schöpfst dir neue Kraft aus der Stille ...

19

In den Wald

Stell dir vor, du stehst am Waldrand und schaust auf den Wald vor dir. Dein Weg verschwindet zwischen den Bäumen. Der Wald sieht dunkel aus ...

Du senkst den Blick und trittst in den Wald ... Du bleibst wieder stehen. Du schließt die Augen und öffnest sie wieder ... Das Dunkel hat sich irgendwie aufgelöst, der Wald ist licht und weit ...

Du drehst dich um und schaust zurück. Die Wiese vor dem Wald kommt dir jetzt viel heller als vorhin vor, als du über sie gingst. Viel zu hell, viel zu grell scheint dir das Licht dort ...

Du gehst den Weg weiter hinein in den Wald. Durch hohe Räume klingt Vogelrufen. Es scheint dir manchmal, als würden die Vögel sich unterhalten. Mal ruft der eine, und gleich darauf antwortet der andere ... Du gehst mit festen Schritten den Weg ...

Die Luft ist kühl und rein. Dein Atem geht ein und aus, ein und aus, ganz ruhig und gleichmäßig, ganz von allein ...

Durch Bäume streicht Wind. Blätter rascheln, Holz tönt, wenn Äste gegeneinanderschlagen. Du spürst den Wind in den Haaren ...

Am Weg blühen Hecken, Brombeeren vielleicht oder Himbeeren ... Du betrachtest die Dornenranken ... Du betrachtest die leuchtenden Blüten ... Du riechst den süßen Duft ...

Vor dir über dem Weg wird es hell. Der Wald ist zu Ende, dort geht es wieder hinaus auf die Wiesen ...

Am Waldausgang bleibst du stehen, im Schatten von mächtigen Eichen. Draußen ist es hell, blendend hell ... Du schließt die Augen und empfindest ganz den lebendigen Wald ... Du öffnest die Augen wieder und trittst hinaus auf die Wiesen ...

Du gehst über die Wiesen. Das Licht ist freundlich und warm.

Schmetterlinge spielen über den Weg ... Du drehst dich um und schaust auf das Dunkel des Waldes ...

Waldpfad

Stell dir vor, du gehst einen kleinen Waldpfad entlang. Von beiden Seiten des Pfades hängen lange Halme in den freien Raum über der festgetretenen Erde ...

Die Halme wiegen sich leicht im Wind ... Wenn du vorüberkommst, streifst du an sie ...

Du spürst den Boden unter deinen Schritten, spürst ihn ganz mit den Sohlen deiner Füße ... Jeder Schritt ist ein klein wenig anders ...

Du spürst die Bewegung in deinen Füßen ... Du achtest auf deine Schritte ...

Du gehst ganz langsam ... Du gehst ganz langsam und achtest auf deine Schritte ...

Du achtest auf die Berührung der Halme, auf das Geräusch, das sie machen ... auf das Geräusch, das du machst, wenn du die Halme berührst ... auf das Geräusch, das entsteht, wenn du und die Halme sich streifen ...

Helles Licht bricht durch Baumkronen und liegt freundlich über dem Pfad ... Hier und da tänzeln Schatten, so wie sich die Zweige hoch oben im Wind leicht bewegen ...

Du spürst den Wechsel von Licht und Schatten auf deinem Gesicht ... Manchmal schließt du die Augen – und öffnest sie wieder ...

Die Luft ist kühl und rein ... Du riechst die schwere Walderde, die Gräser am Pfadrand – und die Leichtigkeit des Lichtes über dem Pfad ...

21

Dein Atem geht ruhig und gleichmäßig, ganz von allein … Über dir im Geäst singt hier und da ein Vogel … Blätter rauschen im leichten Wind …

Ein Schmetterling flattert über den Pfad und setzt sich auf eine Distel am Pfadrand … Der zarte, leichte Schmetterling auf der stachligen Distel … Er breitet die Flügel aus … Er schließt seine Flügel … Er breitet wieder die Flügel aus … Seine Fühler zittern ganz leicht …

Sonnenfunken

Stell dir vor, du gehst durch den Wald … Die mächtigen Bäume bilden einen hohen Raum … Unter den Bäumen stehen Gräser und Moos – und ab und zu ein paar Büsche …

Helles Licht fällt durchs Geäst auf den Waldboden … Du siehst blendende Funken tanzen, als du vorbeigehst …

Du bleibst stehen … Die Funken sind langsamer geworden, nur hier und da tanzt einer noch leicht hin und her … Manchmal verschwinden sie, dann tauchen sie wieder auf …

Du schaust genauer hin … Die Funken tanzen auf feinen Fäden, die überall gespannt sind, Spinnefäden, du würdest sie ohne das Licht gar nicht bemerken … Die Fäden spannen sich zwischen Ästen, von Ästen zum Boden, zwischen den langen Halmen des Waldgrases …

Da wandert das Sonnenlicht hin und her, auf und nieder, ganz wie du selbst dich bewegst … Du machst eine kleine Bewegung und siehst die Lichtfunken wandern …

Sonnenfunken auf Spinnfäden im Wald …

Quelltopf

Ein Blatt ist abgefallen, vom Haselstrauch an der Quelle. Da fiel es aufs Wasser des Quelltopfes. Das Blatt ist ganz leicht. Doch auch noch das Leichteste bewegt etwas anderes in der Welt. Wellenkreise entstehen und laufen über das Wasser. Das Blatt liegt ganz ruhig. Ein wenig nur schaukelt es auf und ab, als die Wellen vom Ufer zurücklaufen, unter ihm durch. Weil es bewegt hat, wird es nun selber bewegt ...

Das Wasser des Quelltopfes ist ganz klar. Ein Mensch könnte Sand und Steine auf seinem Grund erkennen. Und Luftbläschen, die nach oben steigen. Aus Spalten zwischen den Erdschichten sickert dort Wasser in den Quelltopf hinein. Das Blatt spürt nur die leichte Bewegung des steigenden Wassers ...

Langsam vergehen die Stunden. Ein Eichhörnchen kommt vom Wäldchen her angesprungen, sucht Nüsse am Haselstrauch. Hier und da findet es eine. Die letzte fällt ihm ins Wasser. Sie sinkt auf den Grund. Wieder laufen Wellen über den Quelltopf und schaukeln das Blatt. Sanft nur, ganz sanft. Das Eichhörnchen springt vom Busch und verschwindet wieder im Wäldchen ...

In der Abenddämmerung klingt er am schönsten, der Vogelgesang. Die Sonne ist untergegangen, langsam verblaßt das Licht. Einer nach dem anderen verstummen die Vögel. Nun liegen sie alle in ihren Nestern. Mag sein, daß sie träumen. Nur ein Käuzchen ist wach, das hat am Tage geschlafen. Nun flattert es aus seiner Höhle im alten Kiefernstamm und setzt sich über den Quelltopf. Die Augen blicken fast wie zwei Monde. Da sitzt es und wartet ...

Nun ist er aufgegangen, der Mond. Still scheint er durchs Gezweig auf den Quelltopf. Um ihn die Sterne ... Das Blatt liegt einfach nur da, in der Nacht, über ihm der unendliche Himmel. Es schaukelt ganz leicht ... Kleine Geräusche wehen vom Wäldchen her. Das mag ein Reh sein oder ein Hase, der durchs Unterholz schlüpft ... Manchmal heult eine Eule ...

Der Mond und die Sternbilder sind lange weitergewandert. Irgendwann hat sie begonnen, unmerklich, die Morgendämmerung. Kaum spürbar wird es heller. Die Vögel erwachen. Ihre ersten Töne sind kurz nur, doch bald singen sie fast schöner noch als am Abend ... Vielleicht singen sie von ihrem Traum in der Nacht, vielleicht von der neuerwachenden Sonne, vielleicht ist es einfach nur ihre Freude, die singt ... Ihre Lieder streichen über den Quelltopf hin. Sie streifen über die Kanten des Blattes, die sich ein wenig hochgewölbt haben. Das Blatt schaukelt leicht auf und ab ...

Unmerklich ist es weitergetrieben, das Blatt, auf den Abfluß des Quelltopfes zu. Dort strömt ein Rinnsal heraus, das bald zum Bach werden will. Durch das Wäldchen wird er fließen und sich mit anderen Bächen vereinen. Durch Wiesen geht es dann, immer weiter, zum Fluß. Und irgendwann, in weiter Ferne, fließt er ins Meer ...

Das Blatt ist nun ganz von der Strömung erfaßt. Am Rande des Abflußes bleibt es kurz hängen. Da dreht es sich einmal und schwimmt nun frei auf dem Wasser, hinein in den Morgen ...

Gefällter Baumstamm am Waldbach

Stell dir vor, du gehst am Waldbach entlang, der Strömung entgegen ...

An tiefen Stellen strömt das Wasser ganz ruhig, seine Tiefe ist ruhig, seine Ruhe ist tief … An flachen Stellen tönt es schnell und eilig über die Kiesel und stößt gegen größere Steine …

Unter deinen Schritten knacken abgeworfene Zweige. Du spürst weichen Waldboden unter den Sohlen …

Irgendwo über dir gurrt eine Taube, versteckt im Geäst … Von fern klingen hellere Vogelstimmen, tönen weit durch den Wald … Vielleicht ist auch das Geräusch einer Motorsäge zu hören, ganz schwach nur …

Neben dir die Stimme des Baches … es ist wie eine immer wiederkehrende und doch ewig sich wandelnde Melodie …

Du achtest auf deinen Atem. Er strömt ein und aus, ein und aus, ganz ruhig und gleichmäßig, ganz von allein … Du gehst im Rhythmus deines Atems …

Du folgst langsam den Biegungen des Waldbachs … Manchmal mußt du umgeworfenen Baumstämmen ausweichen, aber immer findest du den Weg zum Bachlauf zurück …

An einer besonders schönen Stelle liegt ein gefällter Baumstamm direkt am Bachufer. Du setzt dich auf ihn …

Da haben Kinder versucht, einen Damm zu bauen, aus Steinen und Zweigen. Er ist lange gebrochen und überschwemmt, das Wasser strömt über die Reste hinweg …

Die Geräusche des Wassers … seine Frische und Kraft …

Durchs Laub blinzelt die warme Sonne herunter … Du schließt deine Augen …

Du fühlst die Kühle und Kraft des Wassers … Du fühlst die Wärme der Sonne … All die kleinen Geräusche sind um dich und in dir …

So sitzt du ein Weilchen auf dem gefällten Baumstamm am Bachrand und achtest auf alles um dich herum …

Du schöpfst dir neue Kraft aus dem Tönen des Wassers … Du schöpfst dir neue Kraft aus der Stille …

25

Wasserfall

Stell dir einen kleinen Wasserfall vor. Von hoch oben stürzt er über die Felswand, ein silberner Strahl. Frei durch die Luft stürzt das Wasser hinunter, donnert laut auf Felsen und fließt rasch weiter, glatt und geschmeidig, ein Bach …

Stell dir die Kraft des Wasserfalls vor, sie ist immer da, in jeder Sekunde … Niemals zögert das Wasser, im Sturz nicht und unten niemals im Strömen … Immer fließt es genau dieser Schwere nach … Spürst du die Schwere?

Donnern, Brausen, Wasserdampf in der Luft … Wenn du genau hinhörst, vielleicht merkst du, daß das Wasser ganz ruhig ist. Es folgt einfach immer der Schwere … Es folgt immer sich selbst …

Du spürst seine Ruhe …

Du spürst seine Kraft …

Am See

Stell dir vor, du liegst am Seeufer, auf einer Wiese … Über dir der weite Himmel. Möwen kreisen dort und schreien ihr Windlied … Die Wellen des Sees plätschern sachte ans Ufer. Du lauschst ein Weilchen ganz ihrem Rauschen … Und in diesem Rauschen spürst du die Stärke des Sees, die Stärke all seiner Wasser …

Ein Stückchen das Seeufer hinunter stehen Schilfwälder. Die wiegen sich im leichten Wind hin und her. Du lauschst dem Rauschen des Schilfes … Ab und zu ein Klacken, wenn zwei Schilfrohre aneinanderstoßen … Ab und zu ruft ein Vogel im Dickicht des Schilfes …

Wind in den Wellen des Sees … Wind im Schilf … Im Wind segeln Möwen am Himmel … Du spürst die Kraft dieses Windes …

Du spürst deinen Atem gehen, ein und aus, ein und aus, ganz ruhig und gleichmäßig, ganz von allein … Du spürst den sanften Wind auch in dir, er bringt dir die Ruhe … Du spürst die Kraft dieser Ruhe …

Du spürst die Schwere deines Leibes auf der Erde. Du bist angenehm schwer und entspannt …

Du spürst die Wärme der Sonne in dir. Sie kreist in den Armen, den Beinen, durch deinen Leib. Du bist angenehm warm und entspannt …

Du bist ruhig, schwer und warm … ruhig, schwer und warm … So liegst du ein Weilchen am See und fühlst die neue Kraft tief in dir wachsen.

Regen über dem See

Der See liegt in der Stadt. Ein Weg verläuft am Ufer, Lindenbäume säumen ihn gegen die Straße hin. Zwischen den Linden stehen Bänke. Von den Bänken aus kann man den See in Ruhe betrachten.

Es regnet heftig. Im gleichmäßig starken Wind treiben die Tropfen wie Striche halbschräg durch den Himmel, treffen aufs Wasser …

Millionen Tropfen – aber nur ein einziges Geräusch, das aus Millionen Geräuschen besteht. Mal schwillt es ein wenig an, mal flacht es wieder ab. Dieses eine Geräusch aus Millionen von Tropfen ...

Die Luft ist klar und frisch ... Du merkst, daß du tiefer atmest als sonst. Dein Atem geht ein und aus, ein und aus, ganz ruhig und gleichmäßig, ganz von allein ...

Jeder Tropfen schlägt einen winzigen Wellenring um sich herum, der fast sofort mit den Wellenringen all der anderen Tropfen verschmilzt ... Im See spiegelt sich nichts, die Wellenringe verwandeln seine Oberfläche in ein unruhiges Hin und Her ...

Böen treiben den Regen über das Wasser. Mal wehen sie stärker – dann bleiben die Regenfäden lang in der Luft, und die Oberfläche des Sees beruhigt sich. Mal wehen sie schwächer – dann fallen die Fäden wieder senkrecht aufs Wasser, und die Oberfläche wird unruhig ...

Dein Atem geht ruhig ... Du siehst den unruhigen See – und die Ruhe auf dem Grunde dieser Unruhe, ganz mit dem Wind und dem Regen, ganz wie der Wind und der Regen gehen ... Du spürst die Ruhe in dir ...

Hinter einer Wolke blinzelt die Sonne hervor. Strahlen tanzen durch den Regen und auf den winzigen Wellenkreisen des Sees ... Das Geräusch des Regens auf dem Wasser scheint plötzlich ein wenig anders zu sein ...

Auf den Wellen

Stell dir vor, du liegst auf einer Luftmatratze im flachen Wasser am Rand eines Sees. Es ist ein freundlicher See, sein Wasser ist angenehm warm. Du fühlst dich sicher und ruhig. Das Wasser trägt dich ganz leicht. Es hebt sich und senkt sich ... Du fühlst den Rhythmus der Wellen ...

Du spürst die Ruhe um dich und in dir ... Du spürst die Kraft dieser Ruhe ...

Du spürst deine Schwere auf den schwankenden Wellen ... du spürst die Leichtigkeit, mit der das Wasser dich trägt ...

Du spürst die Wärme der Sonne auf dir und in dir. Sie strömt dir durch deinen Leib ...

Du bist ruhig, schwer und warm ... ruhig, schwer und warm ... Du spürst die Kraft der Ruhe tief in dir wachsen ...

Brunnen im Stadtpark

Stell dir vor, du bist an einem Brunnen im Stadtpark. Im Himmel über dem Park ziehen langsam Wolken. Rings um den Brunnen breiten sich grüne Wiesen. Hohe Bäume stehen, Zweige bewegen sich leicht im Wind. Vögel pfeifen – aber du kannst sie kaum hören. Der Brunnen rauscht laut ...

Versuch genau zu erkennen, wie der Brunnen aussieht. Vielleicht ist es ein ganz einfacher Brunnen, vielleicht ist er aber auch schön gestaltet ...

In der Nähe stehen einige Bäume und Büsche, an die sind Bänke gebaut. Auf den Bänken sitzen verschiedene Menschen, Frauen und Männer. Einige haben die Augen geschlossen und lauschen dem Brunnen nach – oder vielleicht auch auf etwas tief in ihnen selbst ... Andere unterhalten sich leise. Du kannst nichts verstehen, der Brunnen rauscht laut. Es ist auch nicht wichtig ... Das Brunnenrauschen erfüllt alles um sich ...

Spatzen und Tauben kommen geflogen und lassen sich vor den Bänken nieder. Eine alte Frau hat ihre Tasche geöffnet und Brötchen herausgezogen. Sie wirft Bröckel auf das Steinmosaik des Weges. Die Vögel stürzen sich darauf ...

Dahinter rauscht einfach der Brunnen ... Sein silbernes Rauschen bleibt immer gleich und ist doch auch immer ein klein wenig anders ...

Manchmal meinst du im Rauschen Stimmen zu hören, aber vielleicht sind es auch Stimmen in dir ... Was sie wohl sprechen? ...

Das Brunnenrauschen erfüllt die Welt ...

Verlassener Spielplatz

Der Spielplatz ist verlassen ... Keine Kinder, keine Erwachsenen – nur eine Schar Spatzen sitzt im Kastanienbaum und pfeift sich etwas vor ...

Der Sandkasten ist leer – doch an den Spuren siehst du, daß hier Kinder gespielt haben ...

Am Rand liegen zwei Spielautos und ein paar Figuren ... Vielleicht sind auch noch Formen für Sandkuchen dabei – oder noch etwas anderes ...

Ein Ende der Wippe ragt hoch in die Luft, das andere liegt schwer auf dem Boden – aber niemand da als der Wind ...

Der Kletterbaum ist leer ... Zwischen den Seilen zieht die Luft hindurch ...

Auf der Wiese blühen Blumen. Wenn du genau hinschaust, kannst du sie erkennen. Vielleicht sind es Gänseblümchen – oder

Glockenblumen – oder etwas ganz anderes … Überall aber siehst du den grünen Klee …

Die Stille reicht bis zwischen die Halme hinein …

Eine Schaukel schwingt leicht hin und her. Vielleicht hat jemand sie angestoßen, vielleicht ist es auch nur der Wind. Verfolge ihr Schaukeln ein Weilchen, ihr Hin und ihr Her, ihr Auf und ihr Nieder …

Es ist ganz still …

Sonnenblume

Stell dir eine Sonnenblume vor. Im Vorgarten eines Hauses steht sie, nicht weit von den Stachelbeerhecken, das Haupt nach der Sonne hin ausgerichtet …

Am Morgen beginnen Vögel zu singen. Das ist das erste, was die Sonnenblume empfindet. Sie spürt die Töne um ihre Blätter streichen, am ganzen Körper spürt sie die hellen Morgenlieder der Vögel …

Dann geht die Sonne auf. Licht wird heller und heller, wie eine brausende Musik … Die Sonnenblume wiegt sich im Licht …

Türen schlagen zu, Schritte klingen, Garagentore werden aufgezogen, Motoren springen an … Dann fahren Autos heraus, auf die Straße, hinein in die Stadt, bringen Menschen zur Arbeit …

Es ist laut geworden, Benzingeruch streicht um die Blätter der Sonnenblume. Da sind noch immer die Lieder der Vögel. Die Sonne ist höhergewandert und heller denn je …

Wieder schlagen Türen, und Schritte tönen auf dem Weg …

Kinder gehen zur Schule. Ihre Stimmen streichen über die Blätter der Sonnenblume. Langsam werden sie leiser. Bald sind sie in der Ferne verklungen …

So steht die Sonnenblume da, einfach nur da, das Haupt zum Licht hin ausgerichtet. Im Vorgarten des Hauses steht sie, nicht weit von den Stachelbeerhecken, und trinkt das Licht …

Vogel

Stell dir vor, du bist ein Vogel und fliegst hoch oben, durch die Weite des Himmels. Vielleicht bist du ein kleiner Vogel, eine Schwalbe womöglich … Oder du bist ein großer Vogel, ein Bussard oder ein Reiher mit silbernen Schwingen …

Hoch oben am Himmel fliegst du und ziehst weite Kreise …

Die Sonne ist nah hier, aber der Flugwind ist angenehm kühl …

Du hörst das Brausen des Windes in deinen Ohren …

Du schmeckst die Frische der Luft …

Weite Kreise ziehst du, ganz in der Bläue des Himmels …

Du fühlst die Schwere deines Körpers angenehm auf der Luft. Du fühlst deine Leichtigkeit, getragen von Federn …

Vielleicht kreist du einfach nur so in der Bläue des Himmels. Vielleicht schaust du aber auch einmal auf das Land unter dir: Wiesen und Wälder, Bäche, Flüsse, ein See, Hügel und Berge, rote Dächer von Häusern – oder einfach das Meer …

Du ziehst deine Kreise durch den Himmel, angenehm schwer, angenehm leicht …

Du hörst auf den Wind …

Und vielleicht ist da noch etwas anderes zu hören, wenn du genau hinhorchst ...

Weit sind die Kreise, weit ist alles um dich, auf deinem Flug durch den Himmel ...

Mond

Stell dir vor, es ist Abend. Helles Licht liegt über Häusern und Gärten. Autoschlangen stauen sich an den Ampeln. Rot – Gelb – Grün – Rot. Fußgänger sind auf dem Weg nach Hause ...

Zufällig schaust du zum Himmel und siehst dort den Mond. Blaß und unscheinbar steht er über den Häusern. Niemand achtet auf ihn ...

Die Zeit vergeht. Langsam setzt die Dämmerung ein. Vögel singen heller denn je ... Der Mond ist ein kleines Stückchen weitergewandert. Du zwinkerst mit den Augen: Ist er nicht heller geworden?

Dämmerung legt sich wie fallende Schleier über Straßen, Häuser und Gärten. Etwa dort, wo die Sonne versunken ist, steht ein strahlender Stern am Himmel. Das ist der Abendstern ... Straßenlaternen beginnen zu leuchten, schwach erst, schnell stärker und stärker ... Über ihnen der Mond. Er ist nun deutlich heller geworden. Fußgänger sehen zu ihm hinauf ...

Dann ist es Nacht. Der Mond scheint still über den Straßen ... Sein Licht strömt hell und milde über die dunkle Erde ... Seine Kraft ist gewaltig – und unsichtbar: Die Meere der ganzen Welt heben und senken sich, wenn er über sie weggeht – er macht Ebbe und Flut ...

Menschen staunen sein Licht an – seine Kraft aber ist unsichtbar und still. Gewaltig geht sie in seinem Lauf um die Welt ...

Jubel der Sonne

Stell dir die Sonne vor – ihr helles Licht, ihre Wärme ...

Stell dir das Runde ihrer Gestalt vor: Keine Ecken, keine Kanten, einfach nur rund ...

Stell dir ihre Kraft vor. Ihr Licht strömt hinaus in den Raum. Ihre Schwere hält die Erde und all die anderen Welten auf der Bahn um ihr Licht ...

Die Kraft der Sonne ist wie ein Jubel, in jeder Sekunde, im Licht ...

Stell dir den Jubel der Sonne vor ...

Unter der Laube

Unter der Laube ist vom Regen wenig zu merken. Efeu rankt sich, bildet ein dichtes Blätterdach. Nur der Geruch in der Luft, eine Frische ...

Und das Geräusch des Regens,
auf Blättern ...
auf Dächern ...
auf schwerer Erde ...

Das Geräusch des Regens ist ganz gleichmäßig. Unzählige Tropfen, aber alle zusammen sind wie *ein* Klang …

Alle anderen Geräusche sind hinter dem Regen zurückgetreten. Du hörst sie nur schwach, wie hinter Schleiern …

Du spürst die Kraft des Wassers überall um dich. Sie netzt die Erde und alles, was lebt …

Du spürst die Ruhe des Regens …

Du spürst seine Kraft …

Du nimmst die Kraft des Regens in dich auf …

Am Mühlbach

Stell dir vor, du sitzt versteckt am Mühlbach, umgeben von hohem Schilf … Nicht weit von dir geht eine Brücke über das Bächlein, zur Mühle hinunter, die hinter der Biegung verborgen liegt …

Hier ist es schön ruhig – und ruhig bist deshalb auch du …

Du sitzt weich auf dem Gras …

Du schließt die Augen einen Moment und achtet ganz auf das Gefühl deiner Schwere auf dem Gras, auf der Erde …

Die Sonne scheint freundlich vom Himmel. Du spürst ihre Wärme auf deiner Haut. Und die Wärme ist auch in dir. Sie strömt durch deinen ganzen Körper …

Du spürst deinen Atem gehen. Er geht ein und aus, ein und aus, ganz ruhig und gleichmäßig, ganz von allein …

Ab und zu kannst du einen Vogel im Schilf hören … Und alte Schilfrohre knarren manchmal, wenn der Wind sie bewegt, wenn sie im Wind sich bewegen … Und immer ist da am Himmel die Lerche, unsichtbar, irgendwo nah bei der Sonne singt sie ihr Lied ...

Etwas Schweres kommt über die Brücke gefahren ... Es ist ein Traktor mit Anhänger. Er hat etwas geladen. Wenn du genau hinschaust, kannst du vielleicht erkennen, was ...

Der Traktor ist kaum mehr zu hören ... Jetzt ist er ganz verschwunden ...

Du achtest auf das Murmeln des Mühlbachs ...

Das Wasser des Mühlbachs ist ganz klar ... Da huscht eine Forelle dahin, wie ein Pfeil ...

Du achtest genau auf das strömende Wasser ... Und da siehst du noch mehr Forellen, nah beieinander, sie stehen wie still in der Strömung, nur ihre Flossen fächeln, ganz leicht ...

Kokosnuß

Die Teile können auch für sich stehen. Sie sollten einzeln gelesen und erlebt werden, vielleicht an aufeinander folgenden Tagen.

1

Ein südliches Meer, verstreute Inseln unter dem Blau ...

Auf einer der Inseln steht die Palme. Nahe am Meer steht sie, auf dem sandigen Strand, wo manchmal, wenn Sturm ist, die Wellen bis an ihren Fuß hin lecken ...

Oben, im Palmwedel, reifen die Kokosnüsse ...

Oben sitzen die Kokosnüsse, nah beieinander, verborgen im Grün ...

Der blaue Himmel strahlt über ihnen, die Sonne zieht ihren Bogen ...

Möwen und andere Vögel ziehen scharfe Kreise. Wie weiße Blitze werfen sie sich durch den Himmel. Ihre Schreie gellen über die Insel ...

Immer tönt das Rauschen des Meeres ... Und immer der Wind und die kleinen Geräusche der Bäume ...

Die Kokosnüsse reifen, im Palmwedel versteckt, dicht beieinander ...

Nur die Geräusche von Wasser und Wind – und von Vögeln in Wipfeln und im endlosen Himmel ...

Die Kokosnüsse, sie reifen ...

2

Die Insel im Meer ... die Palme am Strand ... die Kokosnüsse in ihrer Krone versteckt ...

Nun sind sie gereift, im Wind und der Sonne. Die eine oder die andere Kokosnuß hat sich schon gelöst, ist abgefallen und liegt nun unter der Palme im Sand ...

Aber die meisten Kokosnüsse hängen noch oben, zwischen den grünen Palmwedeln versteckt ...

Sturm kommt auf über dem Meer ... Schwarze Wolkenhaufen türmen den Himmel zu, ein scharfer Wind jagt sie über das Wasser. Blitze zucken, Donner grollt durch das Heulen des Windes.

Der Tag wird zur Nacht. Regen klatscht wuchtig auf die aufge-
wühlten Wogen der See …

Wolken und Sturm erreichen die Insel … Regen schüttet auf
die Insel herab, Sturm fährt in die Palmwedel und beugt die
Stämme … Die biegen sich leicht … Sturmheulen, klatschende
Regenschauer, Donner und zuckende Blitze …

Eine nach der anderen plumpsen die reifen Kokosnüsse hinab
in den Sand. Da liegen sie nun, eine neben der anderen …

Sturm treibt Wellen den Strand weit hinauf. Schäumende Zun-
gen lecken über den Sand … Höher und höher schlagen die Wellen, die erste Spitze erreicht schon den Palmenfuß …

Das Meer tobt. Wellen schießen bis in den Palmenwald hinein …
Die Wellen zerren an den schweren Kokosnüssen im Sand …

Eine besonders starke Welle hebt eine Kokosnuß hoch und
reißt sie ins Meer … Da treibt sie hin, auf und ab mit den Wellen,
im scharfen Regen, im Sturm …

Endlich beruhigt sich der Sturm. Die Wolken sind fortgeblasen
oder heruntergeschüttet als Regen … Der Himmel wird blau …

3

In einer kräftigen Meeresströmung treibt nach dem Sturm eine
Kokosnuß. Auf und ab schaukelt sie, dreht sich auch manchmal.
Ihre harte Schale hat das Unwetter gut überstanden …

Die Sonne geht auf und geht unter, der Mond zieht über den
Himmel, als Sichel, als Halbmond, als Vollmond, silbern liegt sein
Licht auf den Wellen …

Immer weiter geht es, mit der Meeresströmung ins Offene, Weite, ins Unbekannte …

Die Möwen sind über der Insel zurückgeblieben. Ab und zu schreien große Vögel am Himmel, Albatrosse vielleicht, immer ist da das kraftvolle Rauschen des Meeres …

Fischschwärme ziehen unter der Kokosnuß durch …

Die Sonne geht auf und geht unter, der wechselnde Mond zieht seine Bahn …

Eines Tages ist da ein neues Geräusch: das Brandungsdonnern vor einer Insel … Und wieder kommt Wind auf … Die Wellen werden höher und höher, ganz nah ist der Strand nun … eine riesige Welle trägt die Kokosnuß weit den Strand hinauf und setzt sie dort ab …

Bald legt sich der Wind wieder, und die Sonne kommt hinter den Wolken vor. Sie scheint auf die Kokosnuß, die dort halb eingesunken im Sand liegt …

Und wieder ziehen Sonne und Mond über das Meer und die Insel … Die Kokosnuß hat sich noch tiefer im Sand eingegraben, ein Trieb ist durch die Schale gebrochen und steht nun aufrecht im Licht … Bald wird sich hier eine kleine Palme wiegen …

Meeratem

Stell dir das Meer vor. Wellen schlagen gegen das Land. Vielleicht ist da ein weiter Strand, an dem sie hinauflaufen. Vielleicht sind da Klippen oder Felsen, an denen sie sich brechen …

Die Bewegung der Wellen, vor und zurück, und ihr Klang …

Stell dir die Kraft darin vor, die Kraft des Meeres …

Achte auf deinen Atem. Bei jedem Atemzug hörst du das mächtige Brausen einer Welle. Die Kraft des Meeres strömt in dich …

Zwischen den Atemzügen ist Stille. Alles ist ruhig und klar …

Bei jedem Atemzug hörst du das Wellenbranden. Die Klarheit, die Kühle, die Kraft des Meeres strömen in dich …

Zwischen den Atemzügen spürst du die Ruhe zwischen den Wellen …

Stell dir die Tiefe des Meeres vor. Die Wellen sind nur an seiner Oberfläche. Darunter ist es still und gewaltig, von großer Kraft … Kraftvoll und freundlich und still …

In den Wellen zeigt sich die Kraft des Meeres …

Mit deinem Atem nimmst du die Kraft in dich auf …

Die Kraft des Meeres strömt in dich …

Achte auf deinen Atem, dann spürst du die Stille und die Kraft und die Frische des Meeres …

„Meeratem" ist eigentlich eine Entspannungsübung, eine Atementspannung. Aber es geht nicht einfach nur um Entspannung dabei, sondern um Kraft. Die Übung eignet sich deshalb besonders, wenn konzentrative Entspannung gefragt ist.

Der Text oben kann als Anleitung gegeben werden. Wichtig sind, wie bei allen Übungen, weniger die Worte, sondern die Vorstellungen, auf die sich die Worte beziehen und die mit den Worten hervorgerufen werden sollen.

Zur eigenen Anwendung konzentriert sich das Kind einfach auf den Atem. Bei jedem Atemzug stellt es sich das Meeresrauschen vor, das Brausen der Welle, wie Klarheit und Kühle und Kraft in es strömen. Zwischen den Atemzügen stellt es sich die Ruhe vor.

Thematische Vorstellungsübungen

Phantasiereisen dienen vor allem der Entspannung. Diese soll über Vorstellungsbilder hervorgerufen werden. Die thematischen Vorstellungsübungen dieses Kapitels sind Phantasiereisen äußerlich sehr ähnlich. Sie beschäftigen sich aber – außer mit Entspannung – auch noch mit einem bestimmten Thema, ebenfalls in bildhafter Form. Das kann Angst sein oder Liebe oder Aggression oder das Unbekannte oder die Auseinandersetzung mit dem eigenen Körper.

Thematische Vorstellungsübungen stehen damit zwischen Phantasiereisen und den thematischen Geschichten, die in den weiteren Teilen des Buches zu finden sind. Bestimmte Themen sollen in der Entspannung bildhaft angesprochen und vom Kind durchlebt werden.

Vor einer thematischen Vorstellungsübung kann eine kurze Phantasiereise durchgeführt werden, um die Entspanntheit des Kindes zu fördern. Am besten wählt man dazu eine dem Kind schon bekannte Phantasiereise, die bei ihm gut ankam. Eine Kurzfassung der zuletzt aufgeführten Phantasiereise, des „Meeratems", eignet sich dazu fast immer gut.

Über das Erleben der thematischen Vorstellungsübung sollte mit dem Kind anschließend gesprochen werden (außer, das Kind will nicht). Dabei ist wichtig, sich ganz auf das Erleben des Kindes zu konzentrieren, nicht etwa dem Kind nahezubringen, daß es die Übung so oder so erleben müsse. Vom Erleben des Kindes aus kann dann – mit dem Kind zusammen – überlegt werden, was das denn

41

bedeutet, was es mit dem Alltag des Kindes zu tun hat. Das sollte aber sehr vorsichtig geschehen. Keineswegs sollten dem Kind Deutungen eingeredet werden. In den Vorbemerkungen, die es zu jeder thematischen Vorstellungsübung gibt, wird einiges gesagt, was zu diesen Nachbesprechungen nützlich sein kann.

Je nach der persönlichen Situation des Kindes, seinen Vorerfahrungen und seinem Entwicklungsstand, können die folgenden Übungen variiert werden, in den Inhalten, in ihrer Wortwahl. Nach ihrem Muster lassen sich auch neue erfinden, aus dem Alltag des Kindes (und des Erwachsenen) heraus.

Wie bei den Phantasiereisen kann es oft auch bei den thematischen Vorstellungsübungen gut sein, das Kind mit ein paar Worten wieder zurückzuholen. Zum Beispiel mit den Worten: „Und dann ist die Geschichte (die Übung, die Reise) zu Ende. Wenn du soweit bist, dann öffnest du die Augen und streckst dich ein bißchen."

Wanderung zum Fuße des Berges

„Wie ein Berg" türmen sie sich vor einem auf – Probleme nämlich, Schwierigkeiten oder, bei entsprechender negativer Weltsicht: die Zukunft überhaupt. In dieser und der nächsten Vorstellungsübung geht es um diesen Berg. Durch eine freundliche Landschaft wandern wir an seinen Fuß. Mit seiner Betrachtung endet die erste Übung. In der zweiten Übung wird er bestiegen.

Wie fast alle Symbole hat auch das Symbol Berg zwei Seiten: eine der Faszination, der Freiheit, Unabhängigkeit, Größe, Macht und Kraft – und daneben eben die der Schwierigkeiten, der Hin-

dernisse, der Mühsal. Der Berg in der Vorstellungsübung ist ein Angebot, sich mit diesen Themen auseinanderzusetzen.

Nach der Übung sollte darüber gesprochen werden. Wie war die Wanderung durch das Tal? Wie erschien danach der Berg? Wie sah er aus? Kann das Kind sich vorstellen, ihn zu besteigen? Kennt es auch in seinem Leben so etwas wie einen Berg?

Wenn mit dem Berg keine Schwierigkeiten oder Probleme verbunden werden, wenn er nur etwa idyllisch betrachtet wird, dann ist das auch gut. Vielleicht ist das Kind gerade nicht in der Lage, sich damit auseinanderzusetzen. Die Vorstellungsübung kann dann später noch einmal durchgeführt werden. Vielleicht verbindet es mit Bergen – aus Urlaubserfahrungen etwa – nur Erholung und freundliche Natur. Dann kann der Versuch mit einer anderen Vorstellungsübung mehr nützen. Empfohlen sei in diesem Falle die Übung „Die Wand".

Hier nun also der Anleitungstext von der Wanderung zum Fuße des Berges. Wie alle anderen Anleitungstexte kann er je nach Alter und Sprachschatz des Kindes und nach seinen Vorerfahrungen verändert werden.

Stell dir vor, du gehst auf deinem Weg über das Land. Vielleicht ist der Himmel blau, vielleicht ziehen auch ein paar Wanderwolken in die gleiche Richtung wie du … Du gehst einfach nur so dahin, aber du weißt, am Ende wirst du am Fuß eines Berges ankommen …

Der Weg führt durch ein Tal. Ein Bach murmelt silbern zwischen den Weidenbüschen … Das Gras auf den Wiesen steht hoch. Du zählst die Farben der Blumen …

Du schlenderst den steinigen Weg neben dem Bachlauf entlang …

43

Achte darauf, was es alles zu hören gibt! Vielleicht hörst du Vogelstimmen – oder das Zirpen von Grillen – oder einen Traktor, der zu den Feldern fährt – oder noch anderes ...

Der Weg ist steil geworden, nun zweigt er ab aus dem Bachtal. Du bleibst stehen und betrachtest den Bach, der hinter einer Biegung verschwindet. Dort geht es zur Quelle. Du drehst dich um und schaust in die Richtung, in die dich dein Weg führt. Dort erhebt sich der Berg ...

Du stehst am Fuße des Berges und betrachtest ihn dir genau. Später willst du ihn vielleicht besteigen, aber jetzt ist es nur wichtig, ihn genau zu betrachten ... Schau ihn dir ganz genau an, deinen Berg ...

Achte ganz genau darauf, wie hoch er ist, welche Form er hat, ob er bewachsen ist und mit was, ob du irgend etwas Besonderes erkennen kannst ...

Vielleicht siehst du irgendwo auf ihm auch den Weg, den du später selbst gehen wirst ... Betrachte den Berg ganz genau ...

Besteigung des Berges

Die Übung sollte unbedingt mehrmals durchgeführt werden. Dabei gilt es auch, Veränderungen zu entdecken. Wie erscheint der Berg ganz am Anfang, von unten, vor der Besteigung? Wie erscheint er bei der ersten Besteigung? Wie erscheint er anschließend unten von der Wiese? Hat er sich bei der nächsten Besteigung verändert? Wie entwickelt er sich weiter? Auch nach dem Wetter und dessen Veränderungen kann gefragt werden.

Wenn ein für eine Auseinandersetzung ungünstiger Berg gewählt wurde – beispielsweise klein wie ein Maulwurfshaufen oder unbesteigbar riesig mit Felswänden an allen Seiten – kann das vom Vorlesenden vorsichtig korrigiert werden. Aber noch nicht beim ersten Mal, sondern in einem nächsten Versuch. Der Maulwurfshaufen wird dann in der Vorgabe vergrößert, der Himmelsgipfel auf ein besteigbares Maß verkleinert und mit Aufgängen versehen.

Beim Vorlesen sollte auf genügend lange Pausen beim Aufstieg geachtet werden.

In der Besprechung sollte auch darauf eingegangen werden, was vom Berg aus alles zu sehen ist. Denn in diesem Ausblick ist – unter anderem – auch ein Ansatzpunkt zu einer Veränderung, Verwandlung des Berges. Die Schwierigkeiten des Aufstiegs werden durch den Ausblick belohnt.

Wie bei allen anderen Vorstellungsübungen ist es am wichtigsten, das Bild wirken zu lassen, nicht zuviel selbst zu interpretieren, hineinzulesen, aus dem vom Kind Berichteten herauszulesen. Deutungen sind immer ein Festlegen auf eine bestimmte Sicht. Das kann manchmal hilfreich sein, kann einen Anstoß geben. Aber oft ist es falsch, oft nimmt es dem Bild nur von dem, was Bilder eben ausmacht, von seiner Vieldeutigkeit, oft reduziert es nur, statt zu konzentrieren.

Stell dir vor, du stehst auf der Wiese am Fuße des Berges. Heute wirst du ihn besteigen. Schau ihn dir erst an, deinen Berg, wie er sich vor dir erhebt … Und dann steig hinauf! Wenn du dich genau umschaust, findest du einen Pfad, der von der Wiese hinaufführt …

Du trittst in den Pfad. Er steigt langsam höher und höher …

Achte darauf, was es alles zu sehen gibt …

Achte darauf, was du hören kannst, auf deinem Pfad, hinauf auf den Berg ...

Und vielleicht sind da besondere Gerüche, die dir auffallen ...

Höher und höher kommst du ...

Vielleicht kommt ein Hochwald, vielleicht auch eine Alm mit Weiden und Kühen, vielleicht auch nackter Stein oder sogar Schnee und Eis ... Immer weiter gehst du, hinauf auf den Berg ...

Achte auf den Takt deiner Schritte ... Auf deinen Atem achte, wie er einströmt und ausströmt ...

Langsam kommt der Gipfel in Sicht ...

Der Gipfel ist nun ganz nahe ... Du gehst langsamer. Schritt vor Schritt setzt du und achtest auf alles um dich herum ...

Du achtest auf das, was zu sehen ist ...

Du achtest darauf, was du hören kannst, hoch auf dem Berg ...

Und vielleicht fallen dir auch Gerüche auf, hier, nahe dem Gipfel deines Berges ...

Nun hast du den Gipfel erreicht. Auf der höchsten Stelle des Berges stehst du und schaust hinab. Du schaust über das weite Land ... Du achtest genau darauf, was du unten sehen kannst ... Vielleicht kannst du die Wiese erkennen, wo dein Aufstieg begann. Und vielleicht siehst du sogar den Weg, dem du gefolgt bist ... Achte genau darauf, was es alles zu sehen gibt, hier, vom Gipfel deines Berges ...

Dann hast du genug gesehen und machst dich auf den Rückweg. Du gehst den Pfad hinunter, setzt Schritt vor Schritt ... und schon bald bist du wieder auf deiner Wiese am Fuße des Pfades angekommen, wo dein Aufstieg begann ...

Du drehst dich noch einmal um und betrachtest von hier deinen Berg ...

Im Auge des Sturms

Aufregung, Wut, Aggression: Schon lange gibt es dazu zwei Ansichten. Nach der ersten sollten sie ausgelebt werden. Sie zu unterdrücken, schade nur einem selbst. Sie könnten derart nach innen gerichtet sogar Krankheiten auslösen. Nach der zweiten Ansicht sollten sie nicht nach außen gewendet, sondern dort bewältigt werden, wo sie entstanden sind: in der eigenen Person.

Die Vorstellungsübung „Im Auge des Sturmes" beschäftigt sich mit aggressiver Energie. Sie wird in Gestalt eines Wirbelsturmes erlebt und wertfrei beobachtet. Die Stille im Inneren des Sturmes bietet eine gewisse Distanz. Das Kind ist ganz drinnen – und doch in einem völlig anderen Zustand als das Wüten des Sturmes um es herum.

Reines Beobachten ist gerade in Situationen, die gefühlsmäßig sehr geladen sind, eine der besten Bewältigungsmethoden – ohne daß aber die Gefühle deshalb unterdrückt oder nach innen gerichtet würden. Die Übung kann deshalb Kindern bei der Aggressionsbewältigung helfen, ohne daß Aggressionen irgendwie negativ eingefärbt werden müßten.

Die Übung sollte wiederholt dargeboten werden. Vor allem bei späteren Durchgängen kann der Unterschied zwischen der Stille im Innern des Sturmes und dem Wüten ringsum immer mehr betont werden.

Wenn nach der Übung mit dem Kind darüber gesprochen wird, dann sollte auch hier das Augenmerk ganz auf der reinen Beobachtung dessen liegen, was geschah. Moralische Beurteilungen bewirken selten das, was sie möchten. Auch Freude an den Zerstörungen sollte dem Kind nicht verleidet werden. Sie sind nicht einmal ein schlechtes Zeichen. Wichtig ist nur das Erleben, und die Betonung der stillen Kraft im Innern des Sturmes, die selber kein Sturm ist.

Stell dir vor, du bist in der Mitte eines Wirbelsturms, in seinem „Auge". Rasend schnell drehen sich die Winde um dich herum und fegen über das Meer …

Im Auge des Sturms aber ist es völlig windstill und ruhig …

Der Sturm peitscht das Meer auf, hohe Wogen tanzen wild hin und her …

Im Auge des Sturms ist es ruhig, ganz ruhig, du hörst das Heulen des Windes und das Tosen der See nur wie durch Watte, wie aus weiter Entfernung …

Nichts ist zu hören außer Wellen und Wind … Die Vögel der See haben sich lange in Sicherheit gebracht. Vielleicht kauern sie jetzt in Felsspalten an den Klippen …

Der Himmel wird dunkler und dunkler, der Sturm nimmt immer noch weiter an Kraft zu …

Im Auge des Sturms ist es ruhig und klar … Je stärker der Sturm wird, umso tiefer und kraftvoller wird die Ruhe in dir … Langsam bewegt sich der Wirbelsturm über das Meer …

Am Horizont erscheint ein Berg. Du beobachtest, wie der Wirbelsturm sich immer weiter auf den Berg zubewegt … Der Berg ist gewaltig. Weit reicht er in den Himmel hinein … Die Ausläufer des Wirbelsturms erreichen den Berg, hüllen den Gipfel in Wolken und Wind …

Du siehst, daß der Berg zu einer kleinen Insel gehört. Am Fuß des Bergs biegen sich Palmenwälder im immer stärker werdenden Wind … Am Sandstrand tosen die Meereswogen …

Du siehst, daß in einer Bucht Boote einlaufen, Menschen springen heraus, Fischer vielleicht von der Insel. Sie werfen ihre Ruder in die Boote und ziehen sie weit den Sandstrand hinauf. Sie verschwinden im Palmenwald. Vielleicht siehst du hier und da noch eine Bewegung, und Häuser zwischen den Palmen ...

Die volle Wucht des Sturms erreicht nun die Insel ... Aus den rasenden Wolken schütten Regenschauer auf die Insel herab ... Der Berg ist ganz in Wolken verschwunden ... Die Palmen biegen sich, fast bis auf den Boden ... Wellen schlagen hoch auf den Strand, manche bis in die Palmenwälder hinein ...

Im Auge des Sturms ist es ruhig, ganz ruhig. Die Luft ist klar. Du fühlst die stille Kraft in dir wachsen ...

Insel und Berg liegen einfach nur da, im tobenden Sturm ...

Der Sturm wird schwächer ... Am Berg und der Insel hat seine Kraft sich gebrochen ... Wolkenfronten lösen sich auf ... Regenschauer lassen nach ... die Meereswellen beruhigen sich wieder ...

Die stille Kraft in dir nimmt immer noch zu ...

Langsam gleitest du auf die Insel, berührst nun den Boden. Du gehst vom Strand zu den Palmen ...

Hinter den Palmen erhebt sich der Berg, sein Haupt ragt weit in den Himmel hinein ...

Letzte Wolken verschwinden ... Die Sonne scheint wieder freundlich herab. Schnell trocknet sie alles und erwärmt die Luft ...

Du legst dich hin, in den Schatten unter den Palmen ...

Da liegst du und fühlst die stille Kraft in dir immer noch wachsen ... Du fühlst die Ruhe, die Klarheit, die Kraft ...

Zaubermühle

*In dieser Übung kann das Kind ein Haus, die Zaubermühle, mit
dem besetzen, was ihm wichtig ist. Es betritt die Mühle und schaut
sich überall um. Nach der Übung kann darüber gesprochen werden, was es alles zu entdecken gab.*

Stell dir vor, du gehst am Bach vor dich hin. Vögel singen.
Wenn Wind aufkommt, raschelt leise das Schilf. Du gehst vor dich
hin, setzt einen Schritt vor den anderen …

In der Ferne siehst du neben dem Bach ein Haus … Langsam
kommst du näher. Du kannst schon die Fenster unterscheiden.
Erdgeschoß, erster Stock, Dachboden – und einen Keller gibt es
auch noch … Nun bist du angekommen und bleibst stehen. Über
dem Eingang hängt ein Schild: „Zaubermühle. Eintritt erlaubt."
Das ist eine Zaubermühle, nur für dich. Du trittst hinein und
schaust dich um. Was dir besonders wichtig ist, das merkst du dir
gut, daß du dich später daran erinnern kannst …

Zuerst kommt das Erdgeschoß. Du gehst langsam umher. Hinter dir bleiben deine Fußabdrücke im Staub … Schau dich um, was
du alles entdecken kannst. Es ist eine Zaubermühle, vielleicht sind
da Dinge, die du kennst, die für dich wichtig waren oder heute
wichtig sind … Oder da sind Dinge, die vielleicht später einmal
für dich wichtig werden. Schau dich gut um …

Die Treppe knarrt unter deinen Schritten. Du steigst langsam
hinauf in den ersten Stock. Und wieder gehst du umher, unter-
suchst alle Zimmer. Schau dich um, was es im ersten Stock alles zu
entdecken gibt …

Noch eine Treppe höher geht es zum Dachboden. Geh langsam

umher und untersuche alles, was es hier gibt ... Da ist ein Fenster. Du trittst heran und schaust hinaus, über das Land ...

Dann steigst du die Treppe wieder hinunter. Stufen knarren ... und da bist du schon im Keller angelangt. Hier ist es etwas kühler und dunkler als in den anderen Stockwerken. Langsam gehst du herum und schaust dir alles genau an ...

Dann steigst du die Treppe wieder hinauf, ins Erdgeschoß. Da ist der Ausgang. Du trittst hinaus und gehst noch ein Stückchen den Weg entlang am Mühlbach. Am Ufer wachsen Weiden. Hier und da tönt ein Vogel heraus. Du drehst dich um und betrachtest nun aus der Ferne die Zaubermühle ...

Junger Baum

Die Kraft, die Entfaltungsmöglichkeiten im eigenen Innern sind das Thema dieser Vorstellungsübung. Die Kleinheit, Zartheit des Bäumchens wird bezogen auf die Stärke, die in ihm verborgen liegt. Vielleicht kann vor oder nach der Vorstellungsübung darüber gesprochen werden. Bei einem Spaziergang geht das besonders gut.

Im Herbst beispielsweise gibt es Kastanien. Wir können eine nehmen – vielleicht gerade im Gras entdeckt oder auf dem Asphalt eines Parkwegs – und in der Hand bergen. Wir können dann von der geschlossenen Hand auf den Baum schauen, in den Wipfel über uns hinauf. Auch dieser Baum ist gewachsen aus einer einzigen Kastanie, einer Kastanie wie der in unserer Hand. Die Kastanie in

51

unserer Hand birgt die Möglichkeit in sich, ein solcher Baum zu werden wie jener über uns.

Stell dir ein junges Bäumchen vor. Seinen Stamm kannst du schon mit einer Hand umfassen. Seine Rinde ist glatt und weich ...
An den Zweigen sprießen hellgrüne Blätter. Sie bewegen sich leicht im Wind ...
Wenn der Wind etwas stärker geht, biegt sich der Stamm leicht ... Der Stamm ist ganz schlank und biegsam ... Der Wind schadet ihm nicht, es ist wie ein Spiel ...
Du hörst den Wind in den Blättern, die Blätter im Wind ... Vielleicht hörst du auch andere Geräusche aus der Umgebung ...
Du spürst die Stärke des Bäumchens, spürst die gewaltige Kraft, die wachsen und wachsen kann, fast aus dem Nichts bis hinauf in den Himmel ...
Du siehst das kleine Bäumchen und spürst seine Kraft ... irgendwie tief innen im Stamm, in den Wurzeln, verborgen – und doch auch in jedem tanzenden Blatt ... Du spürst seine Stärke ...
Es ist die gleiche Stärke wie auch in dir ...

Alter Baum

Auch in dieser Übung geht es um die eigenen Entfaltungsmöglichkeiten. Statt vorwärts in der Zeit schauen wir aber rückwärts, betrachten vom alten Baum aus. Der Baum wird erst dargestellt, mit seiner Kraft, der gesammelten Zeit – und wie in der letzten Übung erst ganz am Schluß auf das Kind bezogen.

Vielleicht kennst du einen alten, ganz alten Baum, den stell dir jetzt vor. Wenn du keinen kennst, dann stell dir einfach einen Baum vor, der sehr alt ist …

Da ist die Dicke seines Stammes … Seine Rinde ist da, runzlig und hart, hier und da vielleicht aufgesprungen …

Knorrige Äste zweigen vom Stamm ab. Du schaust hinauf in das Zweigegewirr …

Blätter rauschen im Wind …

Du meinst fast, die *Zeit* hören zu können, die der Baum nun schon hiersteht, immer nur hiersteht … All die Jahre, Frühlinge, Sommer, Herbste und Winter …

Hier und da kannst du einen Fleck Himmel zwischen den Blättern sehen und blitzendes Licht …

Ein Vogel schlägt ein paar Töne an, irgendwo versteckt in dem Blättergewirr …

Vielleicht fällt dir ein Geruch auf, ein Geruch von Rinde und Stamm, von Blättern, von schwerer Erde, in der der Baum gründet …

Du spürst die Schwere des Baumes … Du spürst das warme Licht ihn durchspielen … Und du spürst deinen eigenen Atem. Ein und aus geht er, immer im Kreis, ganz sicher und ruhig …

Du spürst die Stärke des Baumes, seine gewachsene Kraft … irgendwie tief innen im Stamm, in den Wurzeln, verborgen – und doch auch offen in jedem tanzenden Blatt … Du spürst seine Stärke …

Es ist die gleiche Stärke wie auch in dir …

53

Guter Film

In dieser Übung geht es direkt um das Kind. Es kann in einem Film darstellen, was es gerne macht. Die Übung ist wichtig vor allem als Vorbereitung für die nächste, für „Schlechter Film". Das Kind kann sich so an die Kinosituation gewöhnen, ohne daß diese zu negativ gefärbt ist.

Stell dir vor, du sitzt in einem Kino. Das Licht ist angenehm duster. Vor dir leuchtet groß und weiß die Leinwand. Vielleicht sind noch andere Zuschauer da, vielleicht bist du aber auch der einzige. Stell dir den Kinoraum vor ...

Der Film beginnt. Du selbst bist der Hauptdarsteller des Films. Der Film geht über etwas, das du gerne tust, über deine Lieblingsbeschäftigung. Schau dir den Film einfach zwei oder drei Minuten lang an. Was tust du im Film? Was für Gegenstände, was für andere Personen kommen darin vor? Was davon magst du, was magst du nicht? Schau dir den Film an ...

[Entsprechend Zeit lassen.]

Schlechter Film

Die Kinosituation wird nun genutzt, um dem Kind auch die Auseinandersetzung mit unangenehmen Themen zu ermöglichen – aber mit einigem Abstand, vorn auf der Leinwand. Der Film ist für das Kind eine Projektionsmöglichkeit.

Bei dieser Übung ist sehr wichtig, daß das Umfeld stimmt, daß die „reale" Übungssituation für das Kind angenehm ist, daß ein gutes Vertrauensverhältnis zum Vorlesenden besteht.
Nach der Übung sollte unbedingt darüber gesprochen werden.

Stell dir vor, du sitzt wieder im Kino. Die Sitzreihen verlieren sich im gemütlichen Dunkel. Vielleicht sind noch andere Zuschauer da, vielleicht bist du aber auch der einzige. Stell dir genau den Kinoraum vor. Stell ihn dir so vor, wie du ihn besonders gerne hast ...
Vorn ist die Leinwand, groß und weiß ...
Jetzt beginnt der Film. Der Hauptdarsteller bist du selbst. Im Film geht es um etwas, das du gar nicht gerne tust, um etwas, das dir sehr unangenehm ist, um etwas, das du haßt ... Stell dir den Film einfach vor, was in ihm geschieht, was für Gegenstände, was für andere Personen in ihm vorkommen ...

Lassen Sie dem Kind Zeit für seine Vorstellungen. Anschließend wird darüber geredet: Wie lief der Film ab? Wie empfand das Kind den Film auf der Leinwand? Wie ist das in der Realität?
Und dann die Ankündigung: „Das probieren wir nochmal – aber ganz anders!" Und zwar mit einer der Variationen unten. Die erste schafft eine größere Distanzierung, die zweite setzt näher beim Kind an.
Variationen: Die Variationen sind das Wichtigste bei dieser Vorstellungsübung. Wenn das Kind sich einen Film gut vorstellen kann, sollte nur noch mit den Variationen gearbeitet werden. Hier zwei Möglichkeiten (es gibt noch weitere):

(1) *Ein Fremder spielt das Unangenehme, aber locker und*

leicht: Jetzt beginnt der Film ... *[siehe oben]* Der Hauptdarsteller ist ein berühmter Schauspieler, der dir gut gefällt. Er spielt etwas aus deinem eigenen Leben. Und zwar ist das etwas, das du gar nicht gerne tust, etwas, das dir sehr unangenehm ist, etwas, das du haßt ... Der berühmte Schauspieler aber macht das ganz locker und leicht und lacht viel dazu. Schau dir den Film an, wie der Schauspieler diese unangenehme Sache ganz locker und leicht spielt und noch freundlich dazu lacht. Und alles geht wunderbar und macht Spaß ... *[Viel Zeit lassen.]* Am Schluß des Films klatschen die Zuschauer viel Beifall ...

(2) *Das Kind selbst spielt das Unangenehme, locker und leicht*: Im Film geht es um etwas, das du gar nicht gerne tust, um etwas, das dir sehr unangenehm ist, um etwas, das du haßt ... *[siehe oben; nun der Anschluß:]* Im Film aber machst du das ganz locker und lachst noch dabei. Schau dir den Film an, wie du das dort ganz locker und leicht tust, mit viel Lachen. Und alles geht wunderbar und macht Spaß ... *[Viel Zeit lassen.]* Am Schluß des Films klatschen die Zuschauer viel Beifall ...

Die Höhle

Höhlen haben für Kinder (und viele Erwachsene) etwas Faszinierendes. Und sie sind unheimlich, können Angst machen. Sie ziehen an – und stoßen ab. Kinder bauen gern Höhlen – mit Stühlen, Decken, was immer da ist – und verstecken sich darin.

In der Vorstellungsübung geht es um den Bezug zum Unheimlichen, zum Unbekannten, zur eigenen Angst. Die Höhle wird als etwas eingeführt, in das die eigene Angst projiziert werden kann, in dem sie gefangen ist. Und in der Höhle kann das Kind sich dann dieser Angst stellen.

Stell dir vor, du gehst durch einen freundlichen Wald ... Über dir flüstern Bäume im Wind ... Vögel pfeifen ... Von fern rauscht ein Bächlein ... Du gehst auf der weichen Walderde ...

Du kommst an eine Höhle. Zwischen schroffen Felsen gähnt ein dunkles Loch ... Du bleibst vor der Höhle stehen und schaust in das Dunkel hinein ...

Plötzlich weißt du, in der Höhle ist etwas zu Hause, vor dem du dich immer gefürchtet hast. Dort im Dunkel der Höhle ist seine Wohnung. Hinaus kann es nicht. Aber es hockt in der Höhle und starrt finster vor sich hin ...

[Hier nach einem „normalen" Versuch später eventuell die Erweiterung unten einfügen, wenn das Kind sich dem gut stellen konnte.]
Du verläßt die Höhle. Du mußt zwinkern, als du wieder ins helle Licht schaust. Langsam gehst du davon ...

Du lauschst den Vogelliedern und dem Rauschen der Bäume ...

Die Höhle liegt weit hinter dir. Das, wovor du Angst hattest, ist drinnen gefangen, es kann nicht heraus. Fast tut es dir leid ...

Du gehst auf der weichen Walderde ...

Erweiterung: Du überlegst dir, ob du in die Höhle hineingehen sollst, um das Dunkle ganz zu betrachten ...

Du trittst langsam in die Höhle, langsam und vorsichtig ... Du merkst, daß sich das Dunkel langsam verändert, so wie du hineintrittst. Es wird langsam heller ...

Du schaust auf das, was du immer gefürchtet hast ...

Es schaut auf dich, aber es scheint Angst bekommen zu haben. Es hält die Hände vor die Augen, als sei es ihm plötzlich zu hell geworden ...

Du gehst langsam um es herum ...

Du betrachtest es dir genau, wie es da hockt, die Hände vor dem Gesicht, ganz zusammengekrümmt ...

Unter deinen Blicken ist es ganz klein geworden ...

Die Raupe

Das Folgende ist eine Vorstellungsübung über Entwicklung, vor allem Körperentwicklung. Diese kann Angst machen. In der Übung kann das Kind sich damit auseinandersetzen. Mögliche Ängste sollen gemildert werden – durch die Vorstellung des fliegenden Schmetterlings.

Stell dir einen Laubbaum im Wald vor ...

Geh näher heran, bis du ein einzelnes Blatt siehst ...

Nun betrachte die Unterseite des Blattes ... Einige winzige Körner kleben daran. Es sind Schmetterlingseier ...

Stell dir vor, wie eines der Eier aufbricht und eine kleine Raupe herauskriecht ...

Die Raupe kriecht über das Blatt und frißt gleich etwas vom Blattrand ...

Stell dir vor, wie die Tage und Wochen vergehen. Die Sonne zieht Bogen um Bogen über dem Wald ...

Die Raupe ist weit herumgekommen. Mehrmals hat sie ihre

alte, zu eng gewordene Haut abgeworfen, denn größer und größer ist sie geworden, die alte Haut paßte nicht mehr …

Nun sucht sich die Raupe wieder ein Baumblatt. Sie spinnt sich ein, mit einem Seidefaden, den sie immer und immer wieder um sich selbst herumwickelt. Der Faden verklebt zu einer dichten Hülle, dem Kokon. Die Raupe ist darin völlig verborgen …

Eines Tages bewegt sich etwas in der Hülle, im Kokon … Der Kokon springt auf, und ein neues Wesen kriecht langsam heraus. Es ist ganz erschöpft. Aber schon schöpft es neue Kraft …

Lang sitzt es nur da. Eine helle Flüssigkeit strömt durch die noch ganz schlaffen Flügel. Die falten sich auf und werden fest. Das Wesen klappt die Flügel zum ersten Mal ganz auf – und dann zu. Und wieder auf …

Das Wesen sitzt eine ganze Weile da, auf dem Blatt. Es läßt sich vom Wind wiegen und von der Sonne bescheinen … Dann erhebt es sich, hinein in den Himmel …

Da siehst du ihn fliegen, den Schmetterling …

Die Wand

Eine Wanderung im freundlichen Tal. Plötzlich aber ist da quer über den Weg eine Wand … In dieser Vorstellungsübung kann eine Auseinandersetzung mit Problemen und Hindernissen stattfinden.

Während in der Vorstellungsübung von der Besteigung des Berges eine reizvolle Herausforderung gesehen werden kann, ist das bei der Wand sicherlich weniger der Fall. Sie stört einfach nur.

In der Übung geht es um Wahrnehmung und um Handlungs-

möglichkeiten. Unbedingt sollte deshalb anschließend mit dem Kind darüber gesprochen werden, wie sich die Wahrnehmung an der Wand verändert hat, welche Handlungsmöglichkeiten es gesehen hat, welche Möglichkeiten es vielleicht sonst noch gibt.

In einem weiteren Übungsdurchgang können dann andere Handlungsmöglichkeiten ausprobiert werden. Aber nicht zu schnell damit. Auch in einem zweiten Durchgang sollte der Übende ein wenig lauschen, dem Bach nach, den Vögeln: Wie verändern sich Stimmung und Wahrnehmung, wenn das Kind sich vorher mit Handlungsalternativen gewappnet hat?

Stell dir vor, du gehst durch ein freundliches Tal … Die Sonne scheint hell und warm … Weiße Wanderwolken ziehen am Himmel. Sie ziehen mit dir deinen Weg …

Ein Bach murmelt neben dem Weg … Er fließt einfach so dahin, wie du gehst …

Über dem Bach wiegen sich die Wipfel hoher Pappeln im Wind. Sie rauschen. Wie alte Onkels und Tanten kommen sie dir vor. Vielleicht verstehst du etwas davon, was sie rauschen …

Vielleicht rauschen die Pappeln etwas über den Bach. Darüber, daß er so oder anders sein sollte … Darüber, wie er ihnen gefällt oder nicht gefällt …

Der Bach aber strömt einfach nur so dahin …

Die Pappeln – ihr Rauschen ist so, wie der Bach strömt. Da ist gar kein Unterschied. Sie rauschen nur einfach, egal, was sie meinen …

So gehst du durchs Tal und hörst dem Bach und den Pappeln zu … Vielleicht sind da auch noch die Lieder von Vögeln …

Plötzlich kommst du an eine Wand. Sie verläuft quer über den Weg. Links und rechts ist kein Ende zu sehen. Sie scheint so hoch wie der Himmel. Du stehst an der Wand und kannst nicht weiter …

Achte auf das Licht, ob es sich verändert …
Achte auf die Wanderwolken am Himmel …
Achte auf das Pappelrauschen und das Strömen des Baches …
Achte auf die Lieder der Vögel …
Du stehst an der Wand und kommst nicht weiter … Was willst du tun? Überleg dir, was du hier tun willst, an dieser Wand …

Liebe

Eine Vorstellungsübung zur Besinnung auf die liebende Kraft.
Es ist eine oft nützliche Sache, sich mit Problemen auseinanderzusetzen. Probleme verdüstern die Welt. Da gibt es aber auch noch einen anderen Weg. Eine Förderung der eigenen guten Kräfte kann die Welt aufhellen, auch wenn die Probleme immer noch da sind, auch wenn sie überhaupt nicht direkt angesprochen wurden.
Und auch für Kinder völlig ohne Probleme: Die Entfaltung der Liebe ist schön.

Sammle alle Kraft und Liebe tief in dir … Sammle die Liebe und Kraft … Sie breitet sich aus, immer mehr, bis sie dich ganz erfüllt … Die Kraft und die Liebe …
Die Kraft und die Liebe erfüllen dich ganz … Sie sind wie ein Meer …
Dein Atem ist wie die Wellen auf diesem Meer, wie die Wellen, so still und so tief …
Stell dir jemanden vor, den du magst … Schick ihm von dieser Kraft und Liebe … Liebe und Kraft strömen hinüber …
Vielleicht spürst du, wie auch der andere ruhig wird und hell …

Achte darauf, ob sich die Kraft und Liebe in dir verändern ...
Werden sie weniger? Werden sie mehr?
Stell dir die Kraft und die Liebe vor – im anderen ... und in dir ...

Erweiterung 1: In einer Erweiterung kann die Liebe von der eigenen Person räumlich immer weiter ausgebreitet werden. Die Anleitung erst wie oben, dann etwa:
Breite die Kraft und die Liebe noch weiter aus, auf alle deine Freunde in der Nachbarschaft ... Stell dir vor, wie die Kraft und Liebe zu ihnen strömen ...
Breite die Kraft und die Liebe nun noch weiter aus, auf die ganze Gegend oder die Stadt, in der du wohnst, auch auf die Menschen, die du nicht kennst ... Stell dir vor, wie die Kraft und Liebe zu ihnen strömen ...
Breite die Kraft und die Liebe nun noch weiter aus, auf die ganze Welt, auf alle Menschen, die in ihr leben ... Stell dir vor, wie die Kraft und Liebe zu ihnen strömt ... Die Kraft und die Liebe erfüllen die Welt ...

Erweiterung 2: Mit älteren Kindern kann versucht werden, die Liebe auch ausdrücklich auf sonst negativ gesehene Menschen auszuweiten. Das kann oft sinnvoll sein, da Ablehnung oder gar Haß meist eine starke subjektive Komponente haben und nicht nur durch das objektive Verhalten des anderen begründet sind. Auch schaden Ablehnung und Haß einem nur selbst. Die Anleitung kann etwa folgendermaßen lauten (im Anschluß an die Grundversion oben):
Stell dir nun jemanden vor, der dir sonst gleichgültig ist. Dir fällt nichts Gutes, aber auch nichts Schlechtes zu ihm ein ... Schick ihm von dieser Kraft und Liebe ... Kraft und Liebe strömen hinüber ...

Vielleicht spürst du, wie sich alles verändert ...

Stell dir die Kraft und die Liebe vor – im anderen ... und in dir ...

Stell dir nun jemanden vor, den du sonst nicht so besonders magst ... Schick ihm von dieser Kraft und Liebe ... Kraft und Liebe strömen hinüber ...

Vielleicht spürst du, wie sich etwas verändert ...

Stell dir die Kraft und die Liebe vor – im anderen ... und in dir ...

Stell dir nun jemanden vor, den du sonst haßt ... Schick ihm von dieser Kraft und Liebe ... Kraft und Liebe strömen hinüber ...

Vielleicht spürst du, wie sich etwas verändert ...

Und dann stell dir wieder die Kraft und die Liebe in dir vor, nur in dir ... Sie ist wie das Meer ... und dein Atem ist wie die Wellen in diesem Meer, still und tief ... Stell dir die Kraft und die Liebe vor ...

Gesundheit

Krankheiten mögen ganz verschieden entstehen. Zumindest ein wenig beeinflussen (oft sogar sehr viel) lassen sie sich fast alle durch Vorstellungsübungen – sogar beim gewöhnlichen Schnupfen ist das so. Wie das genau funktioniert, das läßt sich meistens gar nicht nachvollziehen. Aber das ist auch nicht so wichtig.

Bilder und Gedanken sind subjektive Entsprechungen der Arbeit unseres Nervensystems. Auch wenn es uns nur Vorstellungen scheinen – in unserem Nervensystem haben sie eine durchaus reale Grundlage. Eine bewußte Veränderung von Bildern und Gedanken bedeutet so auch eine Beeinflussung dieses Nervensystems.

Das Nervensystem aber beeinflußt auch unsere Gefühle. Und

*ob wir traurig oder glücklich sind, das spielt für viele Probleme –
auch für Krankheiten – eine sehr große Rolle.*

Außerdem beeinflussen Bilder und Gedanken über das Nervensystem auch unser Immunsystem. Und das Immunsystem greift ganz gezielt Krankheitserreger an. Es ist dafür verantwortlich, daß die Erkältung wieder vergeht, daß sich keine schweren Infektionskrankheiten ausbreiten, wahrscheinlich sogar dafür, daß die offenbar dauernd entstehenden Zellmutationen sich nicht zu bösartigen Geschwulsten entwickeln.

Unser Nerven-, unser Hormon- und unser Immunsystem also lassen sich mit Bildern und Gedanken beeinflussen – und damit in gewissem Maße auch unsere Gesundheit. Die folgenden Übungen dienen der Gesundheitsvorsorge. Sie lassen sich auch dazu verwenden, gegen Krankheiten die eigenen Selbstheilungskräfte nutzbar zu machen. Die Anleitungen können etwa folgendermaßen lauten:

Übung 1: Stell dir deinen Körper vor, deinen ganzen Körper ...
Stell dir vor, wie Kraft und Energie durch deinen Körper fluten ...
Stell dir die helle Macht dieser Kraft und Energie vor ...
Sie löst auf, was vielleicht nicht so in Ordnung war, überall verbreitet sie Kraft und Gesundheit ...
Stell dir deinen Körper vor, wie er durchflutet wird von Kraft und Gesundheit ...

Übung 2: Stell dir ein Blutkörperchen vor, das durch die Adern in deinem Körper reist. Überall verbreitet es Kraft und Gesundheit um sich ... Stell dir die Reise des Blutkörperchens vor, durch deinen ganzen Körper ... und die Kraft und Gesundheit, die es verbreitet ...

Vielleicht fällt dir auch eine Farbe oder ein Klang dazu ein …
Wo das Blutkörperchen wandert, ändert sich die Farbe oder der
Klang, wird freundlich und hell … denn da ist nun Kraft und Ge-
sundheit …

Stell dir die Reise des Blutkörperchens durch deinen ganzen
Körper vor – und auch die Kraft und Gesundheit …

Wenn eine solche Übung gegen bestimmte Krankheiten einge-
setzt wird, kann es gut sein, sie zu konkretisieren. Dazu sollten erst
Bilder – realer oder symbolhafter Natur – für die Krankheit ge-
sucht werden. Dann sollten ebensolche Bilder für die eigenen
Kräfte gefunden werden. Das Ringen von Krankheit und Ge-
sundheit kann vorgestellt werden. Sehr wichtig ist der letztliche
Sieg der Gesundheit.

Allgemein können für eine Krankheit symbolhaft beispielsweise
schwarze Ritter genommen werden, für die Gesundheit (die
Kräfte des Immunsystems) weiße Ritter. Eine Schlacht kann vor-
gestellt werden, in der die weißen Ritter schließlich gewinnen.

Oder kranke Körpergebiete bzw. -organe können mit
schwarzer Farbe vorgestellt werden. Die Kräfte der Gesundheit
können wie Energieströme erscheinen, die in diese Gebiete ein-
dringen, sie immer weiter zurückdrängen und schließlich ganz
auflösen.

Bei entsprechender Kenntnis des Kindes (und des Erwachsenen)
können auch realistische Bilder der Krankheit und der Selbsthei-
lungskräfte eingesetzt werden.

Geschichten aus dem Geschichtenheft

Das Geschichtenheft

Larissas Mutter backt gerne. Aber Larissa backt auch gerne und hat außerdem gerne Besuch. Und deshalb gibt es dort immer viel Apfelkrapfen oder Streuselkuchen oder Pfannkuchen, und jede Menge Kinder sind zu Besuch. Und wenn dann genug gegessen und getrunken und gespielt ist, dann sagt Larissas Mutter oft: „Also Kinder, jetzt seid aber einmal ruhig. Ich erzähl euch eine Geschichte." Und die Geschichte erzählt sie dann ohne Buch, nur so aus sich selbst heraus, wie sie ihr gerade einfällt. Und danach ist es dann meist schon spät, und die Kinder gehen nach Hause.

Jedesmal ist es eine ganz andere Geschichte. Und wenn jemand Larissas Mutter bittet, eine alte Geschichte noch einmal zu erzählen, dann lacht sie nur, holt neue Pfannkuchen oder Streuselkuchen oder Mineralwasser und behauptet: „Weiß ich nicht mehr!"

Ralf und Linda sind zwei von den Kindern, die gern Pfannkuchen essen, aber noch lieber anschließend die Geschichten hören. Die beiden haben sich ausgedacht, daß sie sich die alten Geschichten merken wollen. Lindas Mutter hat ihnen ein Heft besorgt, wie man es auch in der Schule verwendet. Stifte haben sie schon, und so setzen sie sich jedesmal nach einer Geschichte nochmal bei

66

Linda zusammen und schreiben die Geschichte auf und malen manchmal ein Bild dazu.

„Obwohl es schon verflixt schwer ist, einfach so ruhig danebenzusitzen, während du schreibst", meint Ralf. „Aber noch viel schwerer ist es, danebenzusitzen, wenn *du* schreibst!" meint Linda und malt einen kräftigen roten Kreis auf das Papier. „Und trotzdem haben wir schon so viele Geschichten zusammenbekommen", sagt Ralf stolz. Und Linda malt noch ein Herz in ihren Kreis.

Erst dachten Linda und Ralf, das Aufschreiben sei nur dazu gut, die Geschichten aufzubewahren. Aber schon als sie beim Niederschreiben der ersten Geschichte waren, merkten sie, daß es noch zu etwas ganz anderem taugt. Denn als Linda schrieb und Ralf erzählte, stellten sie fest, daß sie von der Geschichte ganz verschiedene Dinge behalten und sie überhaupt ganz verschieden verstanden hatten. Und so haben sie die Geschichte beim Niederschreiben nochmal verstanden, und das gleich doppelt, weil sie eben zu zweit waren.

So machen sie es jetzt bei fast jeder Geschichte, und ihr Heft wird immer etwas voller. Und wenn sie sich streiten, bekommt die Geschichte einen doppelten Schluß. Wenn noch andere Kinder beim Aufschreiben dabei sind, sogar drei oder vier Schlüsse.

„Wenn wir genug Geschichten haben, schreiben wir sie nochmal ab und malen Bilder dazu", meint Ralf. „Und das schenken wir Larissas Mutter zum Geburtstag", sagt Linda und setzt lachend hinzu: „Dann merkt sie auch, daß manche Geschichte bei uns ganz anders und noch besser wird als bei ihr!"

Wann der Geburtstag von Larissas Mutter eigentlich ist, das wissen Linda und Ralf nicht. Ihr Geschichtenheft ist jedenfalls schon mehr als halb voll. Und hier sind alle Geschichten, die sie bisher aufgeschrieben haben.

Von den Gartenkobolden der alten Erna

Es war einmal eine alte Frau, die wurde von allen nur die alte Erna genannt. Sie wohnte in einem verwachsenen, windschiefen Häuslein am Waldrand. Vor dem Haus lag ein großer Garten, mit Büschen und Kräutern, mit Zwiebeln, Tomaten und allerlei Blumen. Dort waren die Dorfkinder gerne. Aber nur auf dem Platz hinterm Gartenzauntor, denn dort stand eine Laube, überwachsen mit allerlei Ranken. Die hielt selbst im Regen dicht. In den Garten durften die Kinder eigentlich nicht.

Eines Sommers zur Erntezeit kamen die Kinder wieder nach der Schule zur Laube, um dort zu spielen, Geschichten zu hören und vielleicht ein paar Trauben und Beeren abzubekommen, die nun im Überfluß reiften.

Die alte Erna war draußen beschäftigt. Sie schnitt und riß durch das Gewirre des halb verwilderten Gartens. Jedes Jahr kam sie weniger durch, die hinteren Teile des Kräutergartens lagen schon völlig verwildert und zugewachsen. „Jedes Jahr ist es dasselbe", seufzte sie, als sie endlich zu den Kindern in die Laube kam und ihren Korb mit Stachel- und Johannisbeeren absetzte. „Es wächst mehr im Garten, als man gesät hat. Und lauter Unkraut!" fügte sie schnell hinzu, als sie die hungrigen Blicke der Kinder sah.

„Na, nehmt euch schon", meinte sie dann, lachte und setzte sich hin. Und die Kinder leerten den Korb.

Dann erzählte die alte Erna eine Geschichte. Von den Gartenkobolden erzählte sie, die jede Nacht durch den Garten tollen und Unkraut in jede Spalte, in jeden Riß und jedes freie Fleckchen säen, die die alte Erna erst gestern freigerupft hat. Vom Regen erzählte sie und von der Sonne, die all das Unkraut wachsen und wachsen lassen, daß die Schere kaum nachkommt. „Einmal wird der Garten an all dem Unkraut ersticken", seufzte sie und kostete eine Stachelbeere aus ihrem Korb.

„Und woher kommen die Stachelbeeren, wenn doch bloß alles Unkraut wächst?" fragte der kleine Stefan. Denn die Stachelbeeren waren nun ausgegangen, nur noch ein paar Trauben Johannisbeeren lagen im Korb.

Die alte Erna hielt inne. Sie drehte die letzte Stachelbeere zwischen den Fingern und sah sie merkwürdig an. „Die Stachelbeeren wachsen auch im Garten", sagte sie dann leise und lachte. „Das vergeß ich oft über dem Unkraut. Vielleicht ist es so, daß die Stachelbeeren und die Blumen und die Johannisbeeren und alle die Kräuter auch Unkraut sind – nämlich das Unkraut der Gartenkobolde. Die plagen und plagen sich, um das wegzubekommen und das, was wir Menschen für Unkraut halten, großzuziehen. Aber die guten Dinge wachsen dann auch." Sie lachte nochmals und aß dann ihre Stachelbeere. Sie schluckte sie hinunter und sagte: „Arme Gartenkobolde, arme Erna, immer müssen sie sich gegenseitig plagen, und sie bekommen doch am Ende alle, was sie wollen. Dem Regen und der Sonne aber ist es gleich, was da wächst."

Die alte Erna ist dann zwei oder drei Jahre später gestorben und auf dem Dorffriedhof begraben worden. Das Häuschen aber steht immer noch leer. Es hieß zwar, da seien zwei Töchter, aber die lebten in der Stadt und ließen sich nie blicken. Und so stand das Häuschen einfach verlassen. Und der Garten drum herum, der verwilderte nun allerdings völlig. Aber zwischen all dem Unkraut, zwischen Ranken und hohem Gras streiften sommers die Kinder dahin, auf der Suche nach dem Unkraut der Gartenkobolde. Und immer wurden sie fündig. Ob es Erdbeeren waren, ob Himbeeren oder Stachelbeeren: Es wuchs immer viel mehr, als die Gartenkobolde gesät hatten, und die Kinder ließen es sich schmecken.

Undicht – drei Tage noch!

Der Fliegenpilz sah eigentlich gar nicht so besonders aus. Außer vielleicht, daß er besonders groß war. Das mußte er auch sein, denn sonst hätte ein Kobold wohl kaum seine ganze Wohnung darin einrichten können. Für den Kobold war der Pilz ein Haus. Ein bißchen eng fand er es manchmal zwar schon, aber dafür war es gemütlich.

Gemütlich, bis auf die Regentage. Denn das Fliegenpilzdach hatte ein Loch. Das war zwar nicht groß, aber der Regen paßte trotzdem hindurch. Kaum saß der Kobold einmal gemütlich in seinem Schaukelstuhl und las in seinem einzigen Buch – schwupp! – klatschte ein Tropfen herein und überschwemmte den ganzen Fußboden. Das Buch war auch naß und manchmal auch noch der Bart des Kobolds. Dann schimpfte er ganz besonders.

Der Kobold hatte manche Freunde im Wald. Natürlich hatte er auch seine Feinde. Schon fast jeder seiner Freunde hatte mindestens einmal versucht, das Fliegenpilzdach zu reparieren. Und oft hatte es sogar geklappt. So ein, zwei Tropfen lang vielleicht. Länger nicht. Der Specht hatte es mit Holz versucht, die Eule mit Wolle, die Spinne mit einem Spinnennetz, und die Schnecke hatte sogar probiert, das Loch aufzufressen. Alle waren da sehr gespannt gewesen. Aber das Loch war nur größer geworden.

Danach war der Kobold ganz verzweifelt. Er hatte sogar überlegt, ob er nicht seine *Feinde* bitten sollte, das Loch für ihn zu reparieren. Aber dann hatte er überlegt, was er denen denn eigentlich sagen wollte – und hatte es dann doch lieber gelassen.

Ihm fiel dann nämlich ein, daß er noch jemanden ausgelassen hatte. Alle seine Freunde hatte er schon gebeten, das Loch zu reparieren. Einen nur hatte er völlig vergessen. Nämlich sich selbst.

Der Kobold lachte laut, als ihm das einfiel. Der Fliegenpilz schwankte dabei wie im Sturm. Dann dachte der Kobold nach. Er legte einen langen Finger an seine Stirn und brabbelte hell vor sich hin. Erst überlegte er, warum er sich wohl selbst vergessen hatte. Dann überlegte er, was er nun selbst am Dach tun wollte. Und schließlich überlegte er, wann.

Wann, das fiel ihm zuerst ein. „Nicht zu schnell", sagte er sich und schlug auf den Tisch. „Das hat nun so lang schon getropft – so schnell kann das nicht weg sein!" Also, wie lange noch?

„Ein Sonnenjahr", überlegte er erst. Aber das war zu lang. „Ein Mondjahr", überlegte er dann. Aber das war immer noch zu lang. „Eine Woche" – aber sogar das schien ihm noch zuviel. „Einen Tag", überlegte er. Aber das war zu kurz. „Drei Tage", sagte er sich also. Und dabei hatte er ein gutes Gefühl. Gleich riß er ein leeres Blatt hinten aus seinem Koboldbuch und schrieb darauf: „Noch drei Tage!" Er hängte das Blatt groß an die Wand. Zufrieden ging er zu Bett.

Gleich am nächsten Morgen sprang er flink aus den Federn und sah nach. Das Blatt hing noch immer da. Aber nun war es falsch. Er nahm einen Stift und strich durch, was dort stand. Darunter aber schrieb er: „Noch zwei Tage". Schon am nächsten Morgen strich er auch das. „Noch einen Tag", setzte er nun an dessen Stelle. Und am nächsten Tag schrieb er einfach nur: „Jetzt!"

Dann reparierte er selbst das Dach. Es ging ganz einfach. Und

71

es hielt sogar dicht. Vielleicht weil er eben ein Kobold war. Wahrscheinlich aber bloß, weil er es selbst gemacht hat.

Der Fisch

Eines Nachts war an den Strand des Meeres ein ungeheurer Fisch angetrieben. Fischer fanden ihn leblos am Morgen.

Die Menschen des Dorfes jubelten. „Was für ein Glück!" riefen sie. „Er wird uns ernähren für lange Zeit!"

„Laßt uns das Glück behandeln wie eine Gefahr", sagte der Hinkfuß. „Tag und Nacht wollen wir arbeiten, um es zu bezwingen. Wir nehmen uns reichlich und schenken den Rest dem König. Der König allein versteht, mit so viel Glück fertigzuwerden. Er wird es verteilen, über die vielen."

„Nein, wir müssen es festhalten, festhalten für uns", sagten die anderen. „So viel Glück kommt uns nie wieder. Den anderen soll anderes kommen."

„Ein großes Glück kann nur bleiben, wenn es verteilt wird", sagte der Hinkfuß, „verteilt über alle."

Aber die Menschen des Dorfes waren wie benommen, sie konnten nicht hören. Sie machten sich auf und versuchten, den Fisch ganz für sich zu behalten. Sie hieben und schnitten, sie fuhren ganze Wagen voll Stücke in ihre Häuser hinein.

Erst zwei riesige Gräten hatten sie freigelegt, da war die Arbeit kaum mehr möglich. Der Fisch hatte zu stinken begonnen. Immer schneller verdarb er.

Am Anfang waren nur die Gerüche. Der Hinkfuß war schon

bald weggewandert. „Seine Nase ist zu fein für das Dorf, er trägt sie eben zu hoch", redeten die Leute unter sich. Sie verkauften viel Fisch in die Stadt.

Aber die Händler wollten bald keinen mehr nehmen. „Er ist halb verdorben, taugt nicht mal mehr zum Viehfutter", sagten sie.

Immer schneller verrottete der Fisch am Strand und in den Häusern der Menschen. Ratten liefen bald offen umher. Krankheiten rafften die Hälfte der Menschen dahin.

Die Affen und der Mond

Irgendwo in Afrika stand vor langer, langer Zeit einmal ein mächtiger Baum. In seiner Krone lebte eine Affenhorde. Die Affen wachten und schliefen dort und lebten von den Früchten des Baumes. Nur zum Trinken stiegen sie zuweilen herunter.

Dann staksten sie zum Ufer eines kleinen Flüßchens in der Nähe und schauten nach, ob irgendwo Krokodile herumlungerten. Sie schlossen die Augen und tranken, bis sie nicht mehr konnten. Zuletzt schleppten sie sich zu ihrem Baum zurück und zogen sich mühsam hinauf ins Geäst.

Warum sie die Augen schlossen beim Trinken? Das wurde von den Ältesten zu den Jüngsten schon immer so weitergegeben, seit Anfang der Zeit. Jeder machte es so, weil die anderen es machten. Es gibt allerdings eine alte Geschichte; nach der soll ein gewaltiger Wasseraffe aus den Fluten emportauchen, den Trinkenden packen, wenn er die Augen aufläßt, und zu sich hinunter auf den Wassergrund ziehen.

73

Und wirklich, manch junger, besonders vorwitziger Affe behauptet ganz im Vertrauen unter zwanzig Augen (denn weniger als zehn Affen kommen dort auf dem Baum nie zusammen), den Wasseraffen gesehen zu haben, als er mal beim Trinken blinzelte. Ein braunes, haariges Ding sei das, das tatsächlich fast wie ein Affe aussehe, nur besonders häßlich. Und dieses Ding komme tatsächlich vom Grunde des Flusses auf einen zu, wenn man sich niederbeuge. Aber sie hätten die Augen schnell wieder zugemacht, und da sei der Wasseraffe verschwunden. So seien sie entkommen und könnten nun diese Geschichte erzählen. Alle Affen kreischen, schlagen sich mit den Händen auf die Brust und springen auf ihren Ästen wild auf und ab. Und dann blinzelt wieder ein Weilchen niemand mehr beim Trinken.

In diesem Affenbaum also lebte einmal ein Affe, den alle nur den „Verrückten" nannten. Er sprach nämlich immer nur vom Mond. Der Mond, das war ein heller Fleck, dessen Licht manchmal in einer klaren Nacht bis zu den Affenlagern unter das Blätterdach drang. Eine böse Geschichte gab es über ihn nicht, aber er kitzelte in der Nase, essen konnte man ihn nicht, und er war auch zu sonst nichts zu gebrauchen. Und wenn man nach ihm schnappte, bekam man ihn doch nicht zu fassen.

Der verrückte Affe aber, der träumte dauernd vom Mond. „Träum lieber von Nüssen", rieten ihm manche Affen, „da hast du wenigstens ein bißchen Geschmack auf der Zunge." „Oder träum von Bananen und wo man sie herbekommt", rieten ihm andere. „Träum vom Wasseraffen und den Krokodilen", rieten ihm die Weisesten, „da lernst du wenigstens, dich in Acht zu nehmen!" Aber der verrückte Affe hörte auf keinen und träumte immer weiter vom Mond. Da nannten ihn die anderen bald nicht bloß verrückt, sondern auch noch ein bißchen dumm.

Ganze Nächte verbrachte der verrückte Affe damit, in den Mond zu starren. Die anderen Affen schliefen dann alle. Dicht lagen sie nebeneinander, bewegten sich ab und zu leicht und murmelten zwischen den Zähnen im Traum. Der verrückte Affe lag nur da, breit ausgestreckt auf einem der obersten Äste, und starrte hinein in das Licht. Am Tage verhöhnten die anderen ihn, aber er zog nur den Kopf ein und antwortete nicht.

Eines Tages war er verschwunden. Erst fiel es den anderen gar nicht auf, denn er pflegte immer bis tief in den Tag hinein zu schlafen. Dann dachten sie, er sei vielleicht zum Trinken am Fluß. Als er abends immer noch nicht zurückgekehrt war, tuschelten manche, er sei jetzt wahrscheinlich völlig verrückt geworden, habe die Augen beim Trinken aufgelassen und der große Wasseraffe habe ihn sich geschnappt. Aber niemand wußte Genaues.

In der Nacht fiel jemandem auf, daß der Mond nicht schien. Wie ein Lauffeuer ging es herum. Hunderte von Affen versuchten, an die äußersten Äste zu kommen, Hunderte von Affenaugen starrten hinauf in den Nachthimmel. Der Himmel war klar, tausende Sterne leuchteten hell. Aber Mond war keiner zu sehen. Eine Weile war es völlig still im Affenbaum, was sonst nie vorkam. Dann ging das Geflüster und Geraune los, und es wollte nicht mehr verstummen, die Nacht nicht, den folgenden Tag nicht und nicht die Nacht darauf.

Einige Nächte später hallte ein furchtbares Gezeter durch den Baum. Es kam von einem der äußeren Äste. Alle rieben sich schnell den Schlaf aus den Augen und stürzten sofort dorthin. Einer der älteren Affen hatte dort eine schmale Sichel über den Bäumen entdeckt. „Er hat uns den Mond zurückgebracht, er hat uns den Mond zurückgebracht, zurückgebracht hat er den verschwundenen Mond", sangen und kreischten und heulten sie und tanzten auf den Ästen wild auf und ab. In dieser Nacht schlief keiner mehr. Alle blieben sie auf und bewunderten den wandernden Mond.

Wenn die Affen nun von dem Affen sprachen, der früher als der verrückte Affe gegolten hatte, dann nur mit ganz besonders leiser und ehrfürchtiger Stimme und voll des höchsten Lobes. Er wurde jetzt immer nur der heilige Affe genannt, der klügste und beste des ganzen Affenbaumes.

Die Nächte vergingen. Alle sprachen nur noch vom Mond und dem heiligen Affen. Der Mond wurde größer und größer auf seiner Wanderschaft durch den Himmel. Dann war er rund, wie der Kopf eines Affen. Und manche der Affen meinten sogar, ein Gesicht darin entdecken zu können, das Gesicht ihres heiligen Affen.

Halb voll, halb leer …

Es war einmal ein Glas Wasser, das war gerade eingeschenkt und auf den Tisch an den Platz eines Kindes gestellt. Es fühlte sich schrecklich traurig. Denn über ihm saß das Kind, sah es an, als hätte es viel, viel mehr erwartet, und maulte: „Mein Glas ist ja halb leer!"

Halb leer, halb leer … Das Glas fühlte sich schlecht. Gerade erst war es ins Leben eingeschenkt worden, und schon war etwas mit ihm nicht in Ordnung, schon hatte es jemanden enttäuscht.

Und es kam noch schlimmer. Vom anderen Tischende her jubelte nämlich ein anderes Kind, das ein anderes Glas Wasser vor sich stehen hatte: „Aber meines ist halb voll, halb voll!"

Das halbleere Wasserglas blinzelte hinüber. Es schien ihm fast, als würde das halbvolle Glas vor seinen Augen zu wachsen anfangen. Es rekelte sich und streckte sich, es verzog hochmütig das Gesicht, nämlich das aufgemalte Bild einer Ziege oder so etwas ähnliches, es sprudelte so laut, daß das halbleere Glas kaum sein eigenes Glucksen mehr hören konnte.

„Manche bekommen eben gleich alles mit dem ersten Schwall in sich hineingeschüttet, andere kommen immer zu kurz", dachte es trübsinnig vor sich hin. Es überlegte, was es denn tun könnte, um vielleicht auch halb voll zu werden, wie dieses Ziegengesicht dort drüben. Aber ihm fiel nichts ein.

Das halbleere Glas war schrecklich enttäuscht. Es schloß die Augen und nahm sich vor, sie einfach nie mehr aufzumachen, bis es irgendwann am Boden zerschellen würde.

Da hörte es Schritte.

Es machte die Augen doch wieder auf und sah ein Kind auf sich zukommen. Das Kind hatte das halbvolle Glas in der Hand. Das Kind stellte das halbvolle Glas neben das halbleere Glas.

„Aber die sind ja alle beide gleich leer!" rief das Kind des halbleeren Glases aus.

Das halbleere Glas schloß wieder die Augen.

„Nein, die sind beide gleich voll", sagte das andere Kind.

Das halbleere Glas öffnete die Augen wieder. Zwar war es noch genauso leer – oder so voll – wie zuvor. Aber jetzt strahlte es.

(Zu dieser Geschichte gibt es noch einen anderen Schluß. Den hat Larissas Mutter zwar nicht erzählt, aber ein Kind hat ihn sich später ausgedacht, und er paßt auch nicht schlecht. Und dieser zweite Schluß, der geht so:)

Das Kind stellte das halbvolle Glas neben das halbleere Glas. *(Das ist noch wie der erste Schluß. Aber jetzt geht es weiter:)*

77

„Stimmt", sagte es. „In meinem Glas ist ein bißchen mehr drin." Und es packte sein Glas wieder und trank einen mächtigen Schluck. „Jetzt ist in deinem mehr", sagte es dann und lachte dazu.

Da nahm das Kind mit dem halbleeren Glas die Sprudelflasche und schenkte dem ehemals halbvollen, nun aber fast ausgetrunkenen Glas nach. „Und jetzt sind sie wieder gleich", meinte es dann.

„Jedenfalls fast", sagte das andere Kind.

Und dann lachten sie beide.

Und dann tranken sie beide.

Und dann schenkten sie beide wieder nach.

Brennesselsuppe

Wer meint, daß aus Schlechtem immer nur Schlechtes folgen muß, der irrt. Es kann – ganz zufällig – auch einmal etwas Gutes daraus entstehen. Und wenn man es sieht und festhält – dann hat man wahrhaftig etwas Gutes erreicht.

„Es wird gegessen, was auf den Tisch kommt!" Jahrelang hatten Kathrin diese Worte in den Ohren geklungen. Und dabei mochte sie eben einfach nicht alles, was auf den Tisch kam. Überhaupt – immer nur *sie* mußte sich fügen, immer wieder kochte die Mutter Speisen, von denen sie genau wußte, daß Kathrin sie haßte. Nur weil es die Lieblingsspeisen von irgend jemand anderem waren. Von ihrem Bruder zum Beispiel, der allerdings immer alles aß, was auf den Tisch kam. Wenn man nicht aufpaßte, verschlang er auch noch Teller und Tischtuch. Vor allem das Tischtuch, mit seinem ganzen Geklecker darauf. *Sie* warf nie etwas daneben. Und was konnte sie dafür, daß sie etwas empfindlich mit dem Essen war. „Es wird gegessen, was auf den Tisch kommt!" Einmal würde sie sich rächen, und sie wußte auch schon wie.

Der erste Kochkurs in der Schule war glücklich überstanden. Die Lehrerin hatte Kathrin besonders gelobt und bei einem Abschiedsessen mit den Eltern gesagt, daß für einen Tag doch einmal die Mädchen zu Hause die Küche übernehmen sollten. „Das machen wir", hatte Kathrins Mutter ihrer Tochter zugeflüstert. Und die hatte ihr Gesicht tief in den Händen verborgen, damit die andern ihr Lachen nicht sahen – mochten sie nur glauben, daß sie sich genierte.

Am nächsten Tag zu Hause dann verbannte sie alle aus der Küche, aus *ihrer* Küche. Die Mutter wollte zwar helfen, und der Bruder hätte wohl gerne schon vorher genascht, aber sie schwang den Kochlöffel und warf sie alle hinaus. Dann setzte sie einen Topf mit Wasser auf und ging zu dem Körbchen, mit dem sie am Morgen spazieren war. Mit einem weißen Tuch war er abgedeckt. *Die* würden sich wundern …

„Nur Suppe?" Der Bruder tat enttäuscht, vielleicht war er es auch und wollte sie nicht nur heruntermachen, wie gewöhnlich. „Aber *was für eine Suppe*", antwortete sie. Die Eltern sagten nichts.

Dann schenkte sie ein. Jeder bekam einen Teller voll, bis zum Rande. Schon Tage vorher hatte sie überlegt, ob sie sich selbst vielleicht nur halb vollschenken sollte, aber nun schenkte sie sich auch so viel ein wie den anderen. Das war es ihr wert.

„Guten Appetit!" Die anderen führten ihre Löffel zu Munde, Kathrin schaute nur zu und wollte bald platzen vor Lachen.

Sie schluckten.

„Es wird gegessen, was auf den Tisch kommt", sagte Kathrin boshaft in ihr Schlürfen und die anschließende Stille hinein.

„Aber das schmeckt ja köstlich, was ist das?" fragte die Mutter erstaunt. Bruder und Vater sagten nichts, sie löffelten schon eifrig weiter. Wollten die anderen sie auf den Arm nehmen? Verblüfft probierte auch Kathrin einen Löffel. Die Suppe schmeckte tatsächlich gut. Einen Augenblick wußte Kathrin nicht, ob sie nun lachen oder in Tränen ausbrechen sollte. „Das ist Brennesselsuppe", sagte sie dann.

„*Brennesselsuppe!*" riefen die anderen entsetzt im Chor. Dann kosteten sie nochmal, vorsichtiger. Aber der Teller des Bruders war schon fast leer. Er nahm sich noch einen Nachschlag.

Kathrin stand auf und lief in die Küche, sie holte das Körbchen, in dem noch ein paar Stengel lagen und die Handschuhe, mit denen sie die gepflückt hatte. „Ein ganz neues Rezept", sagte sie dann geschwind. Und mußte lachen.

Die Mutter schüttelte den Kopf. „Das machen wir öfter", sagte sie dann.

So also wurde die Brennesselsuppe erfunden.

Die Tankstelle

Kathrin wohnt auf dem Dorf. Das Dorf ist aber so klein, daß es gar keine eigene Schule hat. Zur Schule muß Kathrin in die nahe Stadt. Immer, wenn das Wetter einigermaßen schön ist, fährt sie mit dem Fahrrad dorthin.

Im Winter ist das manchmal schlecht, wenn es kalt und der Radweg vereist ist oder wenn es gar schneit oder regnet, daß ihr die Augenlider herunterfallen und alles voll Wasser steht. Im Frühling und Sommer und Herbst aber ist das wunderbar, viel schöner als im gedrängelt vollen Bus. Denn ihr Dorf ist das letzte vor der Stadt, und deshalb bekommt Kathrin immer bloß einen Stehplatz, wenn sie mal mit dem Bus fahren muß.

Leider ist sie die einzige in ihrer Klasse aus dem winzigen Dorf. Das war früher einmal ein Kloster. Aber nun ist es eben kein Kloster mehr, und es stehen noch ein paar normale Häuser dabei, und in einem davon lebt Kathrin mit ihren Eltern und den beiden Brüdern.

Und das zweite Schlechte ist die Tankstelle an der Einfahrt zur Stadt. Der Fahrradweg verläuft nämlich die meiste Zeit direkt neben der Bundesstraße. Da ist viel Verkehr, und die Autos brauchen ab und zu auch Benzin und Öl und einen Durchlauf durch die Waschanlage. Deshalb steht dort eben eine Tankstelle.

Das wäre eigentlich noch nicht so schlimm. Auf die ein- und ausfahrenden Autos paßt Kathrin schon auf. Aber manchmal fahren Autos gar nicht zum Tanken hin, sondern sie halten nur wegen irgend etwas anderem, um Schokolade oder Sprudel zu kaufen oder Zigaretten oder sonst etwas. Die Fahrer halten dann oft gar nicht an den Zapfsäulen, sondern sie stellen ihr Auto einfach auf den Platz vor der Tankstelle. Aber das ist gerade der Radweg.

Kathrin hat sich schon oft vorgenommen zu zählen, wie oft eigentlich der Radweg vor der Tankstelle versperrt ist und ob er öfter auf ihrer Hin- oder Rückfahrt versperrt ist. Aber dann hat sie es doch immer wieder vergessen. Aber nie vergessen hat sie, sich tüchtig zu ärgern. Sie muß dann nämlich immer durch die Tankstelle fahren oder sogar hinunter vom Radweg auf die Bundesstraße und hinter dem Auto dann wieder hinauf.

„Mach das nicht", hatte ihre Mutter zu Hause gesagt, als sie ihr einmal davon erzählte. Und der Vater hatte dazu genickt. Aber absteigen und zwischen den Autos in der Tankstelle sich durchzwängen, das will Kathrin eben auch nicht. Und so fährt sie eben doch manchmal auf die Bundesstraße hinunter. „Geschieht denen doch recht, wenn ich verunglücke, denn die sind dann ja schuld", denkt sie dabei ganz wütend. Ab und zu, wenn niemand in der Tankstelle zu sehen war, hat sie sogar schon beim Vorbeifahren auf die Windschutzscheibe von parkenden Autos gespuckt.

Jeden Morgen, schon bevor die Tankstelle in Sicht kommt, denkt Kathrin daran, ob wohl wieder ein Auto auf dem Radweg stehen wird. Manchmal wird sie schon fast im voraus wütend. „Eigentlich brauch' ich die Tankstelle gar nicht mehr, um wütend zu werden", denkt sie sich einmal. „Schon der Gedanke an diese Tankstelle reicht!"

Eines Tages ist Kathrin wieder auf dem Radweg zur Schule unterwegs. Kurz vor der Stadt kommt es ihr siedend heiß: Sie hat ganz vergessen, daß heute die erste Stunde ausfällt! Ihre Füße radeln fleißig weiter. Ihr Kopf aber überlegt, was sie jetzt machen soll. Zurückfahren? Sich in der Schule herumdrücken, bis die zweite Stunde anfängt? Sie überlegt immer noch, als sie an der Tankstelle angekommen ist. Tatsächlich ist sie immer noch am Überlegen, als sie dort einbiegt, bremst und ihr Fahrrad abstellt.

Es steht auch ein Auto auf dem Radweg. Kathrin kümmert sich aber nicht darum. Sie geht einfach durch die Tankstelle und schaut sich alles an. Da ist ein Gerät, um Luft in die Reifen zu pumpen, dort etwas zum Messen des Ölstands. Kathrin zählt die Zapfsäulen und überlegt, ob wohl unter jeder Zapfsäule ein großer Benzintank in der Erde vergraben ist oder ob es nur einen riesigen Tank mit Kammern für jede Art von Benzin gibt. Gerade fährt ein Auto durch die Waschanlage. Kathrin beobachtet alles genau. Sie beobachtet ein Weilchen die beiden Mechaniker, die an einem abgestellten Auto arbeiten. Sie schaut sich die Auslagen des Tankstellengeschäftes an.

In der Türe steht eine dicke Frau. „Radelst du nicht jeden Morgen hier vorbei?" fragt sie Kathrin. Kathrin schrickt zusammen. Aber dann antwortet sie fest: „Und jeden Mittag wieder zurück, und manchmal auch noch am Nachmittag."

Die Frau erzählt, daß sie im Tankstellengeschäft verkauft. Und Kathrin erzählt, woher sie kommt und wo sie zur Schule geht, daß sie tatsächlich fast jeden Tag mit dem Rad dorthin fahre, und daß heute eben die erste Stunde ausgefallen sei, was sie ganz vergessen habe. Von ihrem Ärger wegen der Tankstelle erzählt sie lieber nichts.

So redet sie lange mit der dicken Frau, die aber in Wirklichkeit wahrscheinlich Frau Seidel heißt. Jedenfalls trägt sie so ein Schild an ihrer Bluse, wie die Verkäuferinnen im Supermarkt.

Dann fährt ein Auto in die Tankstelle ein und tankt. Ein Mann kommt, um das Benzin zu bezahlen. Kathrin geht. Sie nimmt ihr Fahrrad und fährt den Rest bis zur Schule. Und sie ist immer noch rechtzeitig dort.

Seither hat sich merkwürdigerweise alles verändert. Zwar stehen immer noch ab und zu Autos auf dem Radweg, wenn Kathrin vorbeiradelt. Wahrscheinlich sind es sogar genauso viele wie vor ihrem Besuch dort. Aber sie stören Kathrin plötzlich gar nicht mehr so. Wahrscheinlich weil sie jetzt jemanden dort kennt und mag. Und das ist nicht bloß so gekommen, weil eine Schulstunde ausfiel. Sondern Kathrin selbst hat das gemacht, weil sie zur Tankstelle hinging und sich anschaute, was sie immer bloß ärgerte. Jetzt radelt sie einfach durch die Tankstelle. Und manchmal sieht sie Frau Seidel in ihrem kleinen Geschäft stehen und winkt ihr dann zu.

Jokob und Jörn

Auf dem Felsen neben dem Radweg zerschlug Jörn die Flasche. Das war gar nicht so einfach. Dreimal, viermal mußte er zuschlagen – und war dann sehr überrascht, plötzlich bloß noch den Flaschenhals in der Hand zu haben. Scherben lagen ringsum. Den Flaschenhals legte er auf den Felsen.

Irgendwie war Jörn nun zufrieden. Zu Hause waren alle tüchtig zusammengefahren, als seiner Schwester gestern aus Versehen eine Flasche heruntergefallen war. Auch er selbst war ziemlich erschrocken. Seine Schwester hatte sogar leise geweint, als sie die Scherben zusammenkehrte.

Irgendwie wußte Jörn nun, wie es war. Auf der restlichen Fahrt nach Hause pfiff er laut vor sich hin. Zu Hause lehnte er das Fahrrad nur an die Mauer. Die Hausaufgaben waren heute schnell gemacht. Und schon war er weg, unterwegs.

Nachdem Jokob sich mit Jörn verabredet hatte, blieb er noch kurz vor der Schule, obwohl sie fast den gleichen Nachhauseweg hatten. Er wollte auf Florian warten. Aber der war wohl schon weg. Trotzdem war Jokob nicht traurig. Denn Jörn und er konnten nun endlich doch Freunde werden. Nach den Hausaufgaben wollten sie sich treffen, an der alten Fabrik, und zusammen radfahren.

Auch er pfiff laut vor sich hin, als er nun allein auf dem Fahrrad nach Hause fuhr. Er war so froh und gespannt. Dauernd hatte er Ärger mit Jörn gehabt, immer etwas ganz Dummes. Mal war Jörn das Schulmäppchen verschwunden, und er behauptete, nur Jokob könne es haben. Mal war Jörn laut geworden, als jemand in einer Klassenarbeit abschreiben wollte, und der Blick des Lehrers war dann an Jokob hängengeblieben, ohne daß Jörn etwas dagegen gesagt hätte. Mal flüsterte er mit anderen zusammen und warf Jokob dauernd dabei solche Blicke zu, und dann lachten sie alle.

Jokob stellte sich vor, wie er und Jörn nun zusammen radfahren würden – da, Glasscherben auf dem Weg! Jokob versuchte auszuweichen, aber da fühlte sich alles ganz merkwürdig an. Er trat auf die Bremsen. Ein Platter! Jokob schimpfte laut vor sich hin. Auf einem Felsen am Wegrand lag ein Flaschenhals. Drumherum waren Glassplitter verstreut. Jokob schimpfte noch immer. Den Rest des Weges ging er zu Fuß. Das Fahrrad mußte er schieben. Es war ganz schön weit.

Jörn war rechtzeitig am Treffpunkt. Er freute sich schon. Dauernd der Ärger mit Jokob! Aber jetzt war er vorbei, jetzt würden sie Freunde. Gestern, das mit den Tintenklecksen in seinem Heft, das hatte ihn wieder wahnsinnig geärgert. Und Jokob stand daneben, seinen Füller frech in der Hand! Da war er herausgeplatzt, hatte ihn beschimpft und alles gesagt, was bisher schon gewesen war.

Der Jokob war ganz erschrocken gewesen. Und dann hatte er seinen Füller genommen und eine Linie auf einem Löschblatt gezogen. Erst wußte Jörn gar nicht, was das denn sollte. Aber dann begriff er: Die Tinte war blau. Die Klecke in seinem Heft aber waren tief schwarz.

Jokob hatte sich dann selbst beschwert – über ihn, über Jörn! Da hatte vieles gar nicht zusammengepaßt. Am Ende hatten sie sich verabredet, zum Fahrradfahren. Da wäre dann alles gut.

Und jetzt kam Jokob nicht! Jörn wurde langsam schon wieder sauer. Seine eigene Uhr hatte er vergessen, aber die Turmuhr war schon über der Zeit. Jörn fuhr einmal um die alte Fabrik. Nirgends jemand zu sehen. Vielleicht war das von Jokob in der Schule nur so ein Trick gewesen, und er saß jetzt zu Hause und lachte, wie er ihn angeführt hatte. Oder er saß sogar versteckt in der Nähe, beobachtete ihn und lachte sich krumm.

Jörn fragte eine Frau nach der Uhrzeit. Aber die zeigte nur hinüber zum Kirchturm: „Da hast du die Uhr!" Und sie ging weiter.

Noch einmal fuhr Jörn um die Fabrik. Dann radelte er wieder nach Hause, in seinem Bauch eine Wut. Dem Jokob glaubte er nie wieder etwas!

Jokob versuchte gleich, zu Hause zu telefonieren. Nur leider war bei Jörn immer besetzt, oder es ging niemand ran. Bis er den Schlauch endlich gewechselt hatte, war seine Laune pechschwarz. Es war schon kurz nach der verabredeten Zeit. Er radelte los. Die Mutter rief ihn nochmal zurück. Er stürmte hinein und wusch sich die schmierigen Hände. Wie lange das dauerte! Auch mit Scheuermittel ging es kaum weg.

Als er zum Treffpunkt kam, war da niemand. Er sah auf seine Armbanduhr: Es war keine zehn Minuten über der Zeit. Jörn hatte gar nicht gewartet. Das sah ihm ähnlich. Wenn er überhaupt gekommen war. Auf der Kirchturmuhr war es schon eine halbe Stunde nach der verabredeten Zeit. Jörn dachte nach. Nein, er hatte seine Uhr erst heute morgen gestellt, die ging richtig. Die Kirchturmuhr, die ging falsch. So fuhr er zurück.

Zu Hause schaute er noch nach der Uhr. Ja, seine Uhr, die ging richtig. Er war wirklich keine zehn Minuten zu spät gekommen, so sehr hatte er sich beeilt. Diese verdammten Glasscherben! Er überlegte, ob er nochmal bei Jörn anrufen sollte, um zu erklären, warum er zu spät gekommen war. Aber nein! Wenn Jörn nicht einmal zehn Minuten hatte warten können, dann war es ihm egal, ganz gleich, was er heute in der Schule wieder gesagt hatte. Wahrscheinlich hatte er gelogen, wie immer.

Je mehr Jokob nachdachte, umso wütender wurde er auf Jörn. Er würde nicht mit ihm reden, nie wieder!

Zwei Zeiten

Der Junge sitzt hinten im Auto. Die Eltern vorne unterhalten sich über etwas. Er schaut zum Fenster hinaus. Er ist müde, das Wasser im Fildorado war schön warm gewesen, und er hatte auch mit in die Sauna gedurft. Das Auto fährt gleichmäßig auf der Schnellstraße dahin. Lagerhallen, Bürogebäude, dazwischen Wiesen und Felder. Große Hotels, die Stadt ist nicht weit. Kräne um große Baustellen. Und wieder Wiesen und Felder. Und kleine Fabriken.

Links vorne Schrebergärten. Da geht es ein kleines Tal hinunter. Im Tal liegt dicker Nebel. Fast bis an die Schnellstraße kriechen die weißen Schleier heran.

Die Motorgeräusche und das Brausen des Fahrtwinds sind immer noch da. Auch die Eltern vorne unterhalten sich wie zuvor. Und trotzdem ist etwas wie völlige Stille. Die Zeit ist einen Augenblick lang ganz klar und wie eingefroren, nur eine endlose Sekunde.

Direkt an der Schnellstraße sieht der Junge den Mann, einen Ziehschlitten hinter sich. Die Blicke des Jungen und des Mannes treffen sich irgendwie. Die Augen des Mannes sind weit aufgerissen. Er hat einen dichten Bart, lange Haare fallen ihm über die Schultern, bekleidet ist er mit Fellen. Der Schlitten hinter ihm –

das sind einfach zwei Stangen, bespannt mit Fell. Im Schlitten liegt eine Last, unklar zu erkennen, vielleicht ein erjagtes Tier.

Der Junge riecht einen Augenblick lang den Schweiß, den Wald, den schweren Geruch der Erde und des getöteten Tieres. Er spürt das Messer an der Seite des Mannes stecken. Er spürt die Ruhe des Waldes. Die Sohlen der Schuhe sind brüchig geworden, er muß bald neue flechten. Das Herz schlägt ganz mit dem Gesang der Vögel und dem Rauschen der Wipfel, im Rhythmus von Schritten auf schwerer Walderde.

Der Jäger hat gejagt. Nun zieht er die Beute zur Siedlung hinauf. Er stellt sich die Freude der anderen vor.

Gerade noch hörte er nur seinen Atem gehen, schwer, im Rhythmus der Schritte das Tal hinauf in die Ebene. Jetzt sind da andere Geräusche.

Ein hohes Brausen und Singen, sehr schnell vorüber. Immer wieder und wieder. Ein Donnern.

Der Nebel wird lichter. Der Mann bleibt stehen. Eine glatte Fläche, zwanzig Schritte breit vielleicht, zieht sich links und rechts endlos weit hin. Darauf rasen *Dinge* hin und her, *Dinge*, für die es keinen Namen gibt.

Und da sind hohe Felsen, wo vorher nie welche waren, gleichmäßig glatt, mit regelmäßigen Öffnungen, unbegreifbar.

Alles ist unbekannt, sehr schwer auch nur anzusehen – ein Zauber. Der alte Mann in der Siedlung würde es wissen. Der Jäger hat davon nie auch nur gehört.

Er schließt die Augen. Die Geräusche sind immer noch da. Er öffnet die Augen. Immer noch dieses lange Band, wie ein Streifen von Fels auf dem Boden. Und die *Dinge* rasen auf ihm dahin. Alles ist unerklärlich.

Große silberne Vögel donnern am Himmel. Weiße Streifen ziehen sich über den Himmel hin. Der Mann spürt sein Herz pochen, ganz schnell und hart. Das ist nicht die schwere Last auf dem Schlitten. Sein Atem geht schwer. Die Zeiten stehen still. Es ist nur eine Sekunde.

Nach dem Kampf

Kannam versammelte die Überlebenden um sich. In der kleinen Grotte, einem Notquartier versteckt zwischen Felsen, trafen sie nach und nach ein. Die meisten waren verletzt, und alle ganz erschüttert von dem, was geschehen war. Gerettet hatten sie wenig außer sich selbst: Angelhaken, Seil, ein paar Felle, Fische und Fleisch, immerhin aber den Wisentschädel. Die kleine Siedlung des Volkes, wie sich der Clan einfach nannte, war ganz überraschend überfallen worden, zur Mittagszeit, zur Ruhezeit, als die meisten schliefen.

Frauen hatten beim Sammeln von Beeren und Holz die letzten Tage schon zweimal fremde Menschen in den Wäldern hinter dem kleinen See gesehen. Die Fremden waren scheu ausgewichen. Auch die Frauen waren erschrocken gewesen, kein Wunder. Menschen zu sehen, die nicht zum Volk gehörten, kam sehr selten vor. Eigentlich geschah es nur auf Jagdexpeditionen oder auf den Wanderungen hinunter zum großen See in das Winterlager.

Celat hatte die Stirn gerunzelt. Die Ältesten hatten sich lange beraten. Celat hatte dann schließlich entschieden, Tag und Nacht Wachen aufzustellen. Auch zum Sammeln in die Wälder sollten immer zwei Bewaffnete mit. Aber eine bewaffnete Expedition ausschicken, um das Lager der Fremden zu finden, das hatte er abgelehnt. Was immer er dachte, jetzt war er tot, und von den anderen traf kaum die Hälfte in der kleinen Grotte ein.

Keiner sprach, und wenn doch einmal, dann war es nicht mehr als ein Flüstern. Schließlich machten sie sich auf. Kannam hatte knappe Anweisungen erteilt. Zunächst wollten sie an den großen See, hinunter ins Winterlager. Der Fischclan würde sie aufnehmen, wenn auch sicher nur ein paar Wochen. Dann müßten sie weitersehen. Sie hinterließen an der Felswand für Nachzügler eine Zeichnung des Sees, mit Wellen für das Wasser und Zacken für die Berge dahinter.

Beim Aufstieg aus dem Flußtal zur Hochebene trafen sie auf Latam und die vier Männer seiner Jagdexpedition, die mit reicher Beute auf dem Heimweg waren.

Latam war fassungslos. Seine Frau war nicht unter den Entkommenen. „Das darf nicht sein!" rief er immer wieder. „Wir müssen zurück!" Er überlegte. Dann sprach er entschlossen: „Erst bleiben wir hier und bewaffnen uns gut. Und in der Nacht greifen wir an. Wir müssen sie alle töten!"

Latam war stark und beliebt. Die vier Männer seiner Expedition waren sofort bereit, mit ihm zu kämpfen. Auch von den anderen hatte er manchem wieder Mut gemacht. Sie begannen zu sprechen. Vorher war es so still gewesen. Aber Kannam war dagegen, und er setzte sich durch.

„Nicht noch mehr Blut und Tod", hatte er einfach gesagt. „Neue Tote bringen uns die alten nicht zurück."

Nicht alle waren seiner Ansicht, wahrscheinlich sogar nur wenige. Aber ein neuer Kampf wäre natürlich auch eine gefährliche Sache gewesen. Das wußten sie nach dem ersten genau. Als einer dagegen sprach, schreckten doch viele davor zurück. Und so zogen sie weiter. Manche murrten, vor allem Latam war so wütend, daß er tagelang mit niemandem sprechen wollte. Aber er zog mit ihnen.

Sie kamen nur sehr langsam voran. Viele waren verwundet, auch mußte gejagt und gefischt werden, denn die wenigen geretteten Vorräte und die Beute von Latams Jagdgruppe hielten nicht lang. Erst nach fast einem Mond erreichten sie den großen See. An seinem Ufer lagen die Hütten des Fischclans. Rauch stieg dort auf, das heilige Feuer brannte. Hinter dem See schimmerte Weiß auf den Gipfeln der Berge. Irgendwo dort würden sie eine neue Heimat finden.

Zweiter Schluß:

Am nächsten Tag wollten die Kinder unbedingt wieder diese Geschichte hören. Und Larissas Mutter erzählte sie ihnen erneut. Aber diesmal ging die Geschichte ganz anders aus. Bis zu der Stelle, an der die Überlebenden auf Latam und seine Jagdgruppe treffen, verlief alles genau gleich. Aber dann wurde es ganz anders. Erst protestierten die Kinder laut gegen einen zweiten Schluß. Schließlich aber erschien es ihnen doch gut, daß es nach dem Kampf mehr Möglichkeiten gab als nur die eine. Und sie sahen, daß der ganze weitere Verlauf in der Geschichte davon abhängt, was jemand an einer bestimmten Stelle sagt oder tut. Zuerst war alles so fest und zwangsläufig erschienen – aber durch den zweiten Schluß sahen die Kinder, daß es das gar nicht war, sondern daß es immer viele Möglichkeiten gibt, etwas völlig zu verändern. So überlegten die Kinder noch weiter, wie die Geschichte ausgehen könnte, ob noch mehr Möglichkeiten für Veränderung da wären. Sie fanden recht viel. Zu jeder Möglichkeit überlegten sie dann noch, wie gut sie für alle in der Geschichte wäre – oder wie schlecht. Alle Möglichkeiten schrieben sie in ihr Geschichtenheft. Hier sind jetzt nur drei weitere Schlüsse abgedruckt. Zuerst der zweite Schluß von Larissas Mutter. Dann der erste Schluß, der den Kindern eingefallen ist. Und dann noch ein Schluß von Larissas Mutter. Hier ist aber erst einmal der zweite.

Immer wieder rief Latam: „Wir müssen zurück! Sie werden uns nicht erwarten. Es wird ganz leicht sein!"

Kannam schwieg, und so hielten sich alle an Latam. Sie schrien und jubelten schon im voraus. Latam übernahm die Führung des Volkes. Er ließ jagen, um wieder Vorräte zusammenzubringen. Er ließ Steine für Speer- und Pfeilspitzen schlagen und Holz für Bögen, Pfeile und Knüppel sammeln. Der Medizinmann war unter den Gefallenen – ein großer Verlust. Aber sein Lehrling tat alles, um die Verwundeten wieder kampffähig zu machen.

Nach wenigen Tagen war es soweit. Alle brachen zusammen auf. Einen Wachposten bemerkten sie rechtzeitig und umgingen ihn. Unbemerkt kamen sie abends bis zur Haupthöhle. Bis weit in die Nacht hinein warteten sie.

Seit dem Kampf war nun schon gut ein halber Mond vergangen. Die aufgestellten Wachen der Feinde waren nur wenige. Und die nickten bald ein. Noch vor Beginn der Morgendämmerung griff das Volk an – in völliger Dunkelheit. Sie kannten sich aus hier. Ohne bemerkt zu werden, drangen sie in die Haupthöhle ein. Ein großes Morden begann.

Noch vor Sonnenaufgang war alles vorbei. Das Volk versammelte sich auf dem Platz vor der Haupthöhle. Einige waren getötet worden – aber fast alle Feinde waren tot. Die Leichen lagen in

Haufen übereinander. Nur wenige Feinde waren entkommen. Es stellte sich heraus, daß das Volk in der Dunkelheit auch zwei der Seinen erschlagen hatte. Denn einige waren in der ersten Schlacht nicht getötet worden, sondern in Gefangenschaft geraten. „Besser getötet, als weiterzuleben wie bisher", schluchzte Latams Frau, die unter den Geretteten war. Latam allerdings war tot. Er war einer der Gefallenen.

Als die Sonne hoch stand, begruben sie die Toten am Fluß.

Dritter Schluß:

Bei der dritten Geschichte ist alles bis zum zweiten Kampf gleich: Das Volk wird erst vertrieben. Auf der Flucht zum Großen See treffen sie wieder auf die Jagdgruppe von Latam, dem es erneut gelingt, sie zu einem zweiten Kampf zu überreden. Sie rüsten sich und schleichen sich in der Abenddämmerung an.

Die Überraschung glückte nicht ganz. Eine der Wachen bemerkte sie und blies Alarm mit einem tönenden Horn. Die anderen Wachen sprangen zur Abwehr auf. Zwar gelang es, sie zu überwältigen, aber das kostete Zeit. Die in der Haupthöhle fanden inzwischen Zeit, sich zu bewaffnen. Unter lauten Anfeuerungsrufen drangen sie ins Freie.

Ein wilder Kampf begann, auf dem Platz vor der Haupthöhle und um die Hütten herum. Lang wogte es unentschieden hin und her. Viele starben auf beiden Seiten. Die Fremden aber waren in der Überzahl. Sie sahen das und wurden immer zuversichtlicher, je länger der Kampf dauerte. Schließlich drängten sie das Volk zurück.

Um die Zwillingseiche, in Sichtweite der Haupthöhle, versammelten sich die Kämpfer des Volkes. Kaum einer war ohne Wunden, viele waren ganz auf der Strecke geblieben und lagen nun leblos um die Haupthöhle verstreut auf dem Boden. Auch von den Fremden waren viele getötet oder verwundet. Sie hatten sich vor der Haupthöhle versammelt und schwangen unter lauten Rufen Knüppel und Speere gegen die Überlebenden des Volkes.

Das Volk war völlig verzweifelt. Keiner war mehr fähig, einen neuen Angriff zu wagen. Nach ein paar Stunden zogen sie ab. „Wir haben es wenigstens versucht", meinte Latam. „Immer hätten wir uns vorgeworfen, es nicht versucht zu haben." „Und jetzt – versuchen wir es nochmal?" fragte Kannam, der anderer Meinung war. „Versuchen wir es nochmal? Sonst werfen wir uns vielleicht später vor, es nicht nochmal versucht zu haben!" Alle schwiegen dazu.

Langsam zogen sie den Weg zurück, den sie gekommen waren, auf die Hochebene hinauf und weiter zum See. Zwei starben auf der Wanderung an ihren Verletzungen, drei weitere in den Hütten des Seeclans. Der Rest des Volkes wurde in den Seeclan aufgenommen. Seine eigene Geschichte war damit zu Ende.

Vierter Schluß:

Nachdem Larissas Mutter einige Geschichten der Kinder über den Kampf gehört hatte, erzählte sie auch noch einen Schluß dazu. Denn sie fand, daß die Geschichten der Kinder immer nur vom Volk handelten, wie dies und jenes bei ihm anders abgelaufen sein könnte und was das alles bewirkt hätte. In der Geschichte von Larissas Mutter aber ist die Veränderung bei den Fremden.

Die Geschichte beginnt wie die zweite hier abgedruckte. Das Volk siegt beim zweiten Kampf und vertreibt die Fremden.

Nachdem das Volk die Toten begraben hatte, wurden die gefangenen Fremden verhört. Die meisten waren so schwer verwundet, daß nichts aus ihnen herauszubekommen war. Nur eine alte Frau war fähig, verständlich zu antworten. Und das hier ist ihre Geschichte.

„Groß waren wir, frei wie der Adler, der unser Clanzeichen war. Wir lebten in den Wäldern zwischen den beiden Flüssen. Kaum je gab es Not. Wenn der Winter einmal zu lang war, blieben uns immer noch die Netze der Fischer.

Aber dann starb Scharfauge. Er war unser Clanführer von Anbeginn der Welt. Niemanden gab es, der das anders gekannt hätte, auch ich nicht, und ich bin alt."

Die Frau hustete und spuckte Blut in den Staub. Dann sprach sie weiter.

„Im nächsten Sommer kamen die Hirsch-Leute. Zwei von ihnen erkundeten erst listig unsere Siedlung: Sie wollten mit Netzen und Pelzen handeln, sagten sie."

Die alte Frau lachte und verzog dann wütend das Gesicht.

„Sie schliefen in unseren Hütten, aßen von unseren Speisen. Sie lachten mit uns und sangen das Adlerlied. Dann gingen sie wieder, in Richtung der untergehenden Sonne. Zum Abschied umarmten wir uns. Federstrich, der Nachfolger von Scharfauge, schenkte ihnen ein Adleramulett. Sie gaben ein Messer mit Hirschgriff dagegen.

Schon am nächsten Tag griffen sie an. Die Krieger ihres Clans müssen in der Nähe gelauert haben. Sie töteten viele. Wir anderen flohen in die Wälder. Den heiligen Adlerschädel hatten wir verloren. Nach Süden wanderten wir, verließen unsere Heimat, wanderten immerzu klagend das Tal des kleineren Flusses aufwärts. Kleiner waren wir selbst."

Die Frau verstummte, sah starr zu Boden.

„Warum habt ihr uns angegriffen, wenn ihr doch wußtet, was Schmerz ist", fragte Latam.

Die Frau sah ihn merkwürdig an.

„Irgendwo mußten wir bleiben", erwiderte sie dann. „Die Vorräte waren verloren. Der Winter ist so weit nicht mehr hin, wir müssen jagen, müssen fischen. Hier in der Nähe hatten wir uns Hütten gebaut, nah am Fluß, vor einem halben Mond schon. Und dann trafen unsere Sammler auf euch. Wir konnten nicht weiter."

„Wir hätten euch geholfen", sagte Latam.

Die Frau spuckte wieder Blut in den Staub.

„Einmal sind wir verraten worden", meinte sie dann bitter. „Das sollte uns nie wieder passieren." Sie senkte den Blick.

Die meisten des Wisentclans wollten die Gefangenen fortschicken, als sie wieder gesund waren, obwohl der Winter schon hart vor der Türe stand. Aber Latam sprach dagegen. Und so konnten sie bleiben. Lange Zeit war es noch schwierig, zusammen zu leben. Aber immer mehr gehörten sie einfach dazu.

Von den Entkommenen aber hat niemand jemals wieder etwas gehört.

Die Nachtigall und der goldene Käfig

Es war einmal eine Nachtigall, die hatten Menschen mit Leimruten gefangen und in einen goldenen Käfig gesetzt. Der Käfig aber stand im Palast eines Prinzen.

Die Nachtigall war die ersten Tage sehr traurig. Sie saß nur stumm auf einem Zweig des künstlichen Baumes in ihrem Käfig und wollte weder fressen noch trinken. Immer wieder schlug sie mit den kleinen Flügeln – aber die Gitterstäbe waren so nah und so eng.

Nach ein paar Tagen erst fielen der Nachtigall die Menschen auf. Da war ein dauerndes Kommen und Gehen, denn der goldene Käfig stand in einem lichten Zimmer, von dem aus es in den Garten ging. Die Menschen aber liebten den Garten sehr und gingen gerne in ihm spazieren.

Manche der Menschen waren groß, andere klein. Manche hatten weite bunte Kleider an, andere kleideten sich ganz in Weiß. Manche plauderten froh, andere schwiegen. Alle aber konnten sie offenbar gehen, wohin sie wollten – nur die Nachtigall nicht.

Einer der Menschen blieb oft lange vor dem Käfig der Nachtigall stehen und sah zu ihr hinein. Das war der Mann, der für alle Vögel im Palast zu sorgen hatte, und er sah dann nicht glücklich aus.

Eines Tages aber begann die Nachtigall wieder zu singen, erst stockend, dann immer weiter und weiter. Ihr Lied, das so lange eingesperrt gewesen war, brach wie ein silberner Quell aus ihrer Kehle hervor. Von ihrem Schmerz sang sie erst, vom Käfig, von der Enge der Stäbe. Vom kahlen, winzigen Baum ihres Käfigs.

Dann sang sie Strophen dagegen. Ein Lied von den Bäumen unter dem Himmel, von der Mächtigkeit ihrer Kronen, dem Wiegen der Blätter im Wind, vom Wind – und vom Himmel, durch den sich die Vögel schwingen, von der Sonne, vom Flüstern der Nacht, vom Grillenzirpen im Sommer, vom Regen, vom Duften der Blumen und Gräser danach, von den Vögeln.

Die Menschen blieben lange stehen, wenn sie durchs Zimmer kamen, auf dem Weg in den Garten. Sie standen im Kreis und hörten ihr zu. Die Nachtigall sah all die Menschen um sich und sang so schön und so innig.

Bald kamen Menschen nur ihretwegen. Sie kamen, sie hörten

ihr Lied und verließen wieder das Zimmer, ohne in den Garten gegangen zu sein. Dem Prinzen wurden viele Kostbarkeiten für die Nachtigall angeboten, aber er wollte sie nicht verkaufen.

Die Nachtigall fühlte etwas wie Glück.

Eines Morgens vergaß eine Dienerin nach dem Säubern, den Käfig wieder zu verriegeln. Als sie alleine war, stieß die Nachtigall gegen die Tür ihres goldenen Käfigs. Leicht schwang sie auf. Die Nachtigall flatterte ins Zimmer hinein.

Unter der Zimmerdecke hing ein Kronleuchter aus klarem Kristall. Auf dem blieb sie sitzen und schaute sich um. *Dort* ging es hinaus in den Garten, die Türe stand offen. *Da* war ihr Käfig, vor dem sich die Menschen bald schon versammeln würden, um sie nur zu hören.

Da saß sie, die Nachtigall, und schaute sich um. Was sollte sie tun? Ihr kleines Herz pochte schnell.

Von draußen waren Schritte zu hören. Die Nachtigall öffnete die Flügel, sie flatterte los, am Käfig vorbei, hinaus in den Garten, hinaus in die Welt.

Nach dieser Geschichte meinte Larissas Mutter, daß eigentlich noch ein zweiter Schluß möglich sei, und zwar, daß die Nachtigall im Käfig bleibe, um immer im Schloß zu leben, als die berühmteste Nachtigall im Palast des Prinzen und im ganzen Reich. Aber keines der Kinder wollte das.

Die Kröte und die Perle

Der dunkle Tümpel lag gerade am Waldrand. Auf seinem Grund lebte eine fette Kröte. Immer hockte sie dort unten, fast unbeweglich. Die anderen Kröten blieben stets nur kurze Zeit in dem Tümpel, dann zog es sie wieder hinein in den Wald, hinaus auf die Wiesen, ganz wie ihr Herz ging. Doch diese Kröte war anders. Ganz selten kam sie einmal hoch, und dann nur, um ein paar Blasen Luft zu schnappen. Gleich sank sie wieder hinunter. Sie wartete immer nur.

Eines Tages rasteten Menschen am Tümpel. Die waren schon lange gewandert. Nun hatten sie eine Decke ausgebreitet. Sie setzten sich, aßen und tranken. Auch junge Leute waren dabei, die waren noch nicht so müde, die scherzten und trieben viel Unsinn. Dumpf klang es durchs Wasser zur Kröte hinunter.

Da riß einem Mädchen das Armband. Die Perlen verstreuten sich im Gras. Nur eine rollte ins Wasser, sank tiefer und tiefer, bis auf den Grund des Tümpels, gerade dorthin, wo die Kröte saß. Die sperrte ihr Maul auf und schluckte sie schnell.

Oben lachten die Menschen. Nur das Mädchen nicht. Es war nämlich ein ganz besonderes Armband. Sie hatte es von ihrer Mutter, und ihre Mutter war tot. Sie schrak sehr zusammen, sie weinte. Die anderen hörten zu lachen auf und suchten die Perlen.

Die Perlen im Gras hatten sie bald alle gefunden, nur eine fehlte – die größte. Sie suchten das Gras ein zweitesmal ab, und noch einmal. Die Perle war nicht zu entdecken. „Sie muß ins Wasser gerollt sein", meinte ein Mann, und dem Mädchen wurde das Herz wieder schwer.

Sie überlegten, was da zu tun sei. Allerlei Vorschläge wurden

99

gemacht. Gerade als einer davon sprach, den Tümpel ganz auszu-
baggern, tauchte die Kröte auf. Unbeachtet schwamm sie ans Ufer
und stieg aus dem Wasser. Sie schüttelte sich, daß das Wasser nur
so spritzte. Sie sprang auf die Menschen zu. Einer entdeckte sie
nun und nahm einen Stock, um sie fernzuhalten. Da spie sie die
Perle aus.

Die Menschen jubelten. Einer wusch die Perle im Wasser und
gab sie dem Mädchen. Das lächelte und wischte die Tränen ab. Die
Menschen packten ihr Zeug zusammen und zogen davon. Ihre
fröhlichen Stimmen waren noch eine kurze Weile zu hören. Dann
verklangen sie in der Ferne.

Die Kröte hockte dumm da, noch immer im Gras. Um sie hatte
sich niemand gekümmert. Eine ganze Weile blieb sie dort sitzen.
Erst als es zu dämmern begann, sprang sie langsam zum Tümpel
zurück. Eine Zeit ließ sie sich oben noch treiben. Erst als es fast
Nacht war, sank sie hinab.

So saß sie denn wieder auf dem Grunde des Tümpels. Dort saß
sie wieder und wartete. Die Menschen kamen nicht wieder, und
keine Perle rollte jemals wieder hinab. Die Kröte aber sitzt da und
wartet.

*Zu dieser Geschichte erzählte Larissas Mutter später noch einen
anderen Schluß. Darin ging die Kröte weg und mit anderen Kröten auf Wanderschaft. Denn sie wußte nun, daß all ihr Warten immer umsonst gewesen war. Und das Warten war damit zu Ende,
und etwas Neues konnte beginnen. Sie ging mit den Kröten in den
Wald hinein. Nur einmal im Jahr, immer im Frühling, kehrt sie zu
dem Tümpel zurück. Erst war sie traurig, aber bald war es gut.*

Die tote Maus

Gerade zwei Tage nachdem ihre Oma gestorben war, sah Franziska auf der Straße eine tote Maus. Halb plattgefahren lag sie da. Fliegen schwirrten umher, manche krabbelten auf ihr. Es sah schrecklich aus.

Franziska verjagte die Fliegen – aber gleich kamen sie wieder. Und manches, was auf der Maus herumwimmelte, ließ sich gar nicht verjagen.

Franziska schauderte immer wieder zusammen. Sie wollte weglaufen – und konnte doch nicht. Sie wollte weinen – und wußte nicht wie. Ihr Gesicht war ganz kalt und heiß, ganz starr, und doch zuckte es wild. Und manchmal lief es noch durch ihren Körper.

Dauernd mußte Franziska an ihre tote Oma denken. Die lag nun im Grab, das mit Blumen geschmückt worden war. Nicht Fliegen, lauter Blumen waren es gewesen. Aber tot war die Oma doch auch.

In den Sarg kamen die Fliegen bestimmt nicht. Franziska hatte ihn sich genau angeschaut, in der Kapelle auf dem Friedhof, als der Mann in der schwarzen Kleidung über Oma sprach. Sie sei nun im Himmel. Franziska war auch schon im Himmel gewesen, in einem Flugzeug. Aber niemand, der dort mitflog, war tot. Sicher gab es verschiedene Himmel.

Das Holz hatte jedenfalls sehr hart ausgeschaut. Eigentlich hatte es gar nicht so ausgesehen, als ob Oma dort drinnen liegen könnte. Konnte sie aber doch. Das wußte Franziska, denn der Sarg war vorher auch offen gewesen. Aber Fliegen kamen bestimmt keine hinein.

Franziska wollte immer noch weglaufen – und blieb doch immer noch stehen. Wohin die toten Mäuse wohl kämen? Von einem Mäusefriedhof hatte Franziska noch niemals gehört. Vielleicht in die Mülltonne. Aber das wäre ja „Biomüll". Auf den Komposthaufen schon eher.

Franziska stellte sich einen Komposthaufen vor und die tote Maus auf dem Haufen. Ihre Oma aber konnte sie sich dort ganz und gar nicht vorstellen. Die lag jetzt auf dem Friedhof unter der Erde.

Natürlich gab es ganz verschiedene Komposthaufen. Überfüllt waren fast alle. Aber manche waren ganz frisch, mit Gemüseresten und Eierschalen und Blättern und faulem Obst obendrauf. Andere waren schon älter, auf ihnen wuchs manchmal ein Kürbis. Das sah schön aus. Und Kürbisse schmecken auch gut. Wenigstens hatte Oma das früher einmal gesagt.

Oma hatte damals dann auch noch erzählt, was mit den Komposthaufen weiter geschieht. Sie werden langsam zu Erde. Und die Erde ist gut und kommt in die Gärten; auf ihr wachsen dann Gemüse und Blumen.

Franziska schaute die Maus an und versuchte sich dabei vorzustellen, daß aus der Maus nach einiger Zeit Blumen würden. Das fiel ganz schön schwer, mit all den Fliegen, die um die Maus schwirrten. Aber um Blumen schwirrten die Fliegen manchmal doch auch. Oma hatte Blumen jedenfalls immer geliebt. Wenn Oma, wo sie jetzt tot war, langsam zu lauter Blumen würde, gefiele ihr das wahrscheinlich sogar selbst.

Franziska sah Oma vor sich, wie sie früher war, wie sie lächelte und an einer Rose roch. Wieder wollte Franziska da weinen und konnte nicht. War Oma nicht viel mehr als Blumen gewesen? Wie sie gelächelt hatte! Blumen lächeln nie, sie können das gar nicht. Und was Oma gesagt hatte, und ihre Geschichten. Niemand konnte so lange erzählen.

Da durchfuhr es Franziska wie ein Schauder. „Das ist ja jetzt alles in mir", sagte sie leise. Und still dachte sie weiter: „Oma liegt jetzt auf dem Friedhof im Sarg. Aber etwas von ihrem Lächeln und ihre Geschichten, die sind bei uns. Die sind lebendig, sobald wir nur daran denken. Also lebt Oma jetzt in uns."

Franziska ging weiter, erst langsam, Schritt für Schritt ließ sie die Maus hinter sich. Bald lief sie schneller. Dort vorn an der Ecke waren Tatja und Moritz. Wenn sie dort wäre, würden sie etwas zusammen spielen. Dort bei den Rosen.

Die Dinge reden

Moritz war heute gern allein unterwegs. Sonst ging er lieber mit anderen, mit der Bande, seit neustem. Aber heute nicht. Natürlich hatte es zu Haus ziemlichen Ärger gegeben. Heut morgen war die Mutter wie stumm. Die Teller hatten geklappert, das Besteck und die Tassen. Sonst war es still gewesen. Selbst als Mutter dann doch etwas sagte, klang das wie nichts.

Gestern war sie dafür umso lauter gewesen. Das war auch klar, nach dem was passiert war. Als die Bande gestern auseinander ging, hatten manche gelacht. Andere aber nicht. Denn wie Moritz ausgesehen hatte, hatten sie wohl selbst an ihre Eltern zu Hause gedacht.

Nun strich Moritz über die Wege vor der Siedlung. Dort drüben lag der Fluß, und davor war der Baggersee. Und da, Moritz sah nur so am Rande noch hin, lag das verlassene Kieswerk.

Im Wald war es kühl. Moritz hätte jetzt gern Indianer gespielt. Aber niemand war mit ihm. So könnte er eben üben, Fährten zu lesen. Gleich neben der ersten Spur fand er die Feder. Es ist eine Taubenfeder, stellte er sich vor. Er steckte sie sich seitlich ins Haar. Die Spur, das war nur eine Pferdespur. Moritz stellte sich vor, daß da Indianer geritten seien. Aber er wußte, es waren bloß Reiter. Die Spur war sehr tief. Es hatte also geregnet in der Nacht. Oder in einer der Nächte davor, denn hier im Wald, das wußte Moritz, hier hielt das Nasse oft lang.

Er versuchte weiter, Spuren zu finden. Die Gedanken allerdings wanderten immer wieder nach gestern, zum Kieswerk und zu seiner Mutprobe. Er versuchte, schnell wieder an die Spuren zu denken. Er fand noch eine Rehspur und die Spur eines Hasen.

Moritz saß auf einem gefällten Baumstamm. Die Feder hatte er aus seinen Haaren gezogen und strich mit den Fingern darüber. Wie glatt sie doch war! In die eine Richtung zu streichen, das ging ganz leicht. In die andere Richtung war es rauher, ging es schwerer. Er versuchte es nochmal – und stärker. Da riß die Glätte der Feder auf.

Irgendwie war Moritz plötzlich noch trauriger als vorher. Auch seine Feder war nun kaputt. Jedenfalls war sie jetzt schlechter. Was er machte, ging irgendwie schief. Auch wenn er die Mutprobe bestanden hatte.

Nochmals strich er über die Feder, erst in die eine, dann in die andere Richtung. Der Spalt störte ihn sehr. „Warum fühlt sich das anders an?" dachte er dann. „Die eine Richtung, die fühlt sich anders an als die andere, wenn ich es richtig probiere." Und er probierte es nochmal. *„Die Feder redet!"* durchfuhr es ihn wie ein Blitz.

Moritz ging weiter durch den Wald. Die Feder steckte in seinem Haar. Er ging nun anders. Er trat auf die schlammigen Stellen des Reitwegs. Er fühlte, wie der Boden dort weich war, unter ihm nachgab. „Der Boden redet", dachte Moritz. „Der Boden sagt mir, was passiert, wenn ich auftrete." Und er versuchte das langsame

Auftreten an trockenen Stellen daneben und dann im Wald auf dem Moos. Überall war es ein wenig anders, wenn er genau acht gab. Überall sprach ihm der Boden davon, was war und was sein würde, wenn er fest auftrat.

Moritz hatte schon eine ganze Zeit nicht mehr an gestern und an das Kieswerk gedacht. Jetzt fiel es ihm wieder ein. Natürlich hatte der Boden auch dort geredet, dort oben, wo einmal der Kran festgemacht gewesen war. Deshalb war es ja eine Mutprobe gewesen. „Weiter, geh weiter", hatten die anderen hinter ihm gerufen. Der Schweiß war ihm ausgebrochen. „Das war auch eine Art Rede", dachte er nun. Der Schweiß hatte zu ihm geredet. Aber die anderen hatten „Weiter!" gerufen. Und so war er eben weiter gegangen.

„Die Dinge hatten es anders gewußt", dachte nun Moritz. „Der Betonboden, das Holz, sogar mein eigener Schweiß." Die Eltern hatten es dann natürlich auch besser gewußt, aber das war irgendwie etwas anderes, die waren nicht selbst dabei.

Moritz hatte sich beim Gehen wieder die Feder aus dem Haar gezogen und strich nun über den offenen Spalt. *„Die Dinge reden"*, sagte er leise zu ihr. „Achte bloß darauf, was die Dinge reden, dann geht es gut."

Moritz ging noch lange durch den Wald. Überall hörte er nun die Dinge erzählen. Er probierte aus, was sie dazu sagten, wenn er selbst etwas tat. Er versuchte es drunten am Bach mit den Steinen, versuchte es mit den Ruten des Hasels und mit den Halmen auf der kleinen Wiese am Berg. Überall sprachen die Dinge. Und Moritz lernte, daß alles, was er selbst tat, darauf eine Antwort war.

Später war er sogar noch am Kieswerk. Er sah die Spuren von gestern. Da war sogar Blut. Und er dachte daran, daß es doch besser wäre, ganz auf die Dinge zu hören und nicht auf die Menschen.

105

Zumindest konnte er nun eines, das hatte er nie gekonnt: Er konnte die Dinge befragen.

Am Himmel waren weiße Streifen von Flugzeugen. Ein leichter Wind kam auf. Langsam ging Moritz zur Siedlung zurück, die Feder im Haar. Vielleicht würde er bei Micha auf die Bande treffen, vielleicht für heut auch nach Hause gehn.

Geschichten vom Engel, der herausfinden wollte, was Angst ist

Larissas Mutter erzählte auch einige Geschichten von einem Schutzengel. Warum sie das tat, wußten die Kinder erst nicht. Aber die Geschichten haben ihnen gefallen. Und weil sie alle von Christian und dem Schutzengel handelten, schrieben Ralf und Linda sie alle zusammen hinten in ihr Geschichtenheft. Als die Geschichten schließlich alle beieinander waren, dachten zumindest die beiden, sie wüßten, warum Larissas Mutter sie erzählt hatte. Hier jedenfalls sind die Geschichten.

Der Schutzengel

Wie es in alten Geschichten heißt, hat jedes Kind so etwas wie einen Schutzengel. Das ist auch nötig, denn Kinder haben manchmal viel mehr Probleme als Erwachsene. Weil sie nämlich weniger wissen. Schutzengel helfen den Kindern. Aber das ist recht schwierig, denn sie sind unsichtbar und können selbst nicht handeln, nicht einmal sprechen. Nur ein wenig flüstern vielleicht. Wenn Kinder tief nach innen hören, hinein in sich selbst, dann können sie manchmal etwas davon verstehen.

Aber alles wissen die Schutzengel auch nicht. Und wenn es ein Problem gibt, von dem sie selbst nichts verstehen, dann müssen sie sich erst erkundigen. So geht es dem Schutzengel von Christian.

Christian hat Angst. Irgend etwas stimmt nicht, wenn er mit anderen Kindern zusammen ist. Er traut sich dann gar nichts. „Trau dich doch!" möchte der Engel ihm zurufen. Aber irgendwie geht es nicht.

Der Engel würde gern helfen. Aber er selbst kennt Angst überhaupt nicht. Er hat sie niemals verspürt, und wie man dagegen helfen kann, weiß er erst recht nicht.

Da sitzt er nun, unsichtbar, die Arme um seine Knie geschlungen, und schaut auf Christian. Es ist tiefe Nacht, Christian dreht sich im Schlaf unruhig hin und her. Er hat einen schweren Traum. Den hat er fast jede Nacht. Der Schutzengel schüttelt den Kopf. So kann das nicht bleiben. Lange sitzt er da und schaut zu. Dann steht er auf. Er hat eine Entscheidung getroffen.

Der Schutzengel macht sich auf, hinaus in die Welt, um zu erkunden, was Angst ist. Alles will er darüber erfahren und dann wiederkehren.

Auf dem Klavier

An der Wohnzimmerwand steht ein Klavier. Auf dem Klavier liegen Stapel von Noten. Auf den Notenstapeln sitzt etwas, das ist fast unsichtbar. Nur wenn du ganz genau hinschaust, kannst du einen blassen Farbenwirbel erkennen, dann nämlich, wenn sich der Schutzengel bewegt.

Karsten spielt auf dem Wohnzimmerboden. Er versucht, Bauklötze aufeinanderzusetzen. Aber immer wieder fallen sie zusammen. Karsten ist noch klein. Er weiß nichts darüber, wie man Türme baut, doch er versucht es wieder und wieder. Der Schutzengel beobachtet ihn genau.

Karsten spielt ganz versunken, er achtet gar nicht darauf, was um ihn herum geschieht. Gerade hat er wieder drei Bauklötze aufeinandergelegt, da wackeln die Fenster: Ein Düsenjäger braust über das Haus. Karsten zieht den Kopf ein und schreit. Er ist ganz außer sich. Er schaut hierhin und dahin – aber nirgendwo kann er sehen, was diesen Lärm macht. Und der Lärm kommt von oben, vom Himmel.

Karsten schreit laut – da kommt schon die Mutter aus dem Bad gelaufen. Sie geht zu Karsten und redet mit ihm. Sie tröstet ihn und versucht zu erklären: „Nur ein Flugzeug. Nur ein Flugzeug. Das fliegt ganz tief, aber es macht nichts, es ist nur laut."

Das Flugzeug ist fort, aber Karsten ist immer noch ganz verschreckt. Er klammert sich an die Mutter. Sie redet mit ihm und singt dann ein kleines Lied. Bald ist alles gut, und Karsten kehrt zu seinen Klötzen zurück.

Der Schutzengel sieht, wie Karsten nun immer wieder zu lauschen scheint. Er hält kurz inne oder spielt nur ganz langsam – und er hört ganz genau. Und da: Aus der Ferne ist das Flugzeug zu hören, der Lärm schwillt an, Karsten wird immer aufgeregter. Die Mutter kommt schon. Karsten fängt gerade wieder zu weinen an und klammert sich an sie. „Nur ein Flugzeug, nur ein Flugzeug", sagt sie und streicht ihm über die Haare.

Das Flugzeug ist schon lange weitergeflogen, und Karsten hat sich aus der Spielkiste einen Holzwagen geholt. Den zieht er nun über den Boden. Der Engel hat die Knie mit Händen umfaßt und beobachtet ihn noch immer, von seinem Klavier aus. Plötzlich gibt es einen heftigen Knall. Karsten schrickt zusammen und fängt heftig zu weinen an. Die Mutter kommt. „Karsten, Karsten", sagt sie und zieht ihn zu sich. „Das war nur der Wind. Der hat eine Tür zugeworfen." Langsam beruhigt Karsten sich wieder.

Der Engel ist von seinem Platz heruntergestiegen und geht hinter den beiden vorbei. „Karsten hat Angst vor Lärm", sagt er sich. „Vor Lärm, der ganz plötzlich kommt, und von dem er nicht weiß, wer ihn macht. Er hat Angst, weil er etwas nicht weiß. Wenn Kinder etwas nicht wissen, dann haben sie manchmal Angst."

Zurück in Christians Zimmer, setzt er sich auf die Bettkante und streicht Christian sanft über die Stirn. „Ich habe etwas gelernt", flüstert er. Christian dreht sich gerade im Schlaf. Für ihn ist nur eine Sekunde der Nacht vergangen.

Plattenränder

Der Schutzengel beugt sich leise über Christian. Der liegt noch immer im Bett und schläft. Sein Atem geht schwer. Der Schutzengel streicht ihm über die Augen. Christians Atem wird leichter. Der Engel setzt seine Suche fort.

Glatte Wände ragen hinauf in den Himmel. Überall Glas und Stahl und Beton. Grün siehst du nirgends. Der Engel steht auf einem Übergang zwischen zwei riesigen Blöcken, hoch über dem Boden. Der Übergang ist sehr breit. Schwere, rechteckige Platten sind in ihn eingelassen. Laufbänder an der einen Seite befördern Menschen rasch hin und her. Ein gleichmäßig kühler Wind weht hier oben.

Neben den Laufbändern gehen drei Kinder. Sie tragen Taschen auf den Rücken, als kämen sie gerade aus der Schule. Sie unterhalten sich miteinander. Den Blick aber haben sie nach unten gerichtet, auf den Weg. Der Schutzengel schaut ihnen zu. Er bemerkt, daß die Kinder bei jedem Schritt darauf achtgeben, nicht auf die Grenzen der Platten zu treten. Immer treten sie ganz in eine Platte hinein. Das sieht manchmal aus, als würden sie tanzen, wenn sie den Schritt einmal länger und dann wieder kürzer machen müssen.

Da bemerkt eines der Kinder den Schutzengel. Staunend bleiben die drei stehen. Die Gewänder des Engels schimmern wie ein Regenbogen. Seine Haare blitzen im Licht.

Eines der Kinder berührt die Gewänder des Engels mit seiner Hand. Sanft sprühen Sterne aus ihnen heraus. Sie regnen auf den Boden herab, glimmen dort noch ein wenig und verlöschen dann spurlos.

„Weshalb tretet ihr denn nie auf die Ränder der Platten?" fragt der Schutzengel mit weicher Stimme.

Die Kinder lachen verlegen. Sie antworten nicht. Eines schaut schnell zur Seite, zur Brüstung des Übergangs. Die Brüstung ist hoch und gut gesichert – aber hinter ihr geht es viele Meter hinab, auf eine Hauptverkehrsstraße. Der Schutzengel folgt diesem Blick.

„Das ist ein gutes Gefühl", sagt eines der Kinder schließlich.

„Sonst wär es kein so gutes Gefühl auf dem Überweg. Er ist so hoch", setzt ein anderes hinzu.

Dann gehen die Kinder scheu weiter. Das eine streift nochmals über die Gewänder des Schutzengels. Wieder rieseln Funken zu Boden. Als sie verglimmen, sind die Kinder schon fast auf der anderen Seite des Übergangs.

111

Der Schutzengel bleibt noch ein wenig. Er geht in die andere Richtung. Dabei schaut er genau auf den Boden und achtet darauf, nicht auf die Ränder der Platten zu treten.

Der Schutzengel ist am anderen Ende des Übergangs angekommen. Er schaut auf die Menschen. In endloser Folge strömen sie aus gläsernen Türen auf den Übergang und die Laufbänder.

„Es geht schon, nur in die Platten zu treten", überlegt der Schutzengel. „Wenn man etwas kann, wird die Angst weniger", fällt ihm dann ein. „Nur irgend etwas, es braucht gar nicht viel sein!"

Der Schutzengel schaut auf. Sein Gesicht strahlt heller noch als zuvor. Er hat etwas gefunden. Kinder können selbst etwas tun, wenn sie Angst haben. Er verschwindet in einem Wirbel aus Farben. In Christians Zimmer taucht er wieder auf. Christian schläft noch. Für ihn ist nur eine Sekunde der Nacht vergangen. Gerade dreht er sich auf die andere Seite. „Ich komme gleich wieder", flüstert der Schutzengel.

Lied von dem, was andere können

Der Engel steht an der Wiese und hört, wie das Kind singt. Es hat eine eigene kleine Melodie und eigene kleine Worte gefunden.

> „Alle können alles besser,
> trau mich gar nicht, was zu tun.
> Alle können alles besser,
> gackern kann das dumme Huhn,

fliegen kann die weiße Taube,
kriechen kann die grüne Raupe,
klettern kann der flinke Affe,
Hals lang strecken die Giraffe,
Krokodil kann Maul aufsperren,
und das Baby kann viel plärren,
fauchen kann der Königstiger,
schleichen der Apachenkrieger,
zirpen kann die kleine Grille,
still sein kann schon mal die Stille,
wandern können hoch die Wolken,
und der Wind kann ihnen folgen,
Eichhorn kann gut Nüsse knacken,
Ohrenzwicker kann gut zwacken,
Kühe können ganz gut muhen,
Faultier weiß gut auszuruhen,
Kreisel können Kreise drehen,
Schafe können mähen, mähen,
fast so wie die Rasenmäher,
kreischen kann der Eichelhäher,
und der Lachsack kann laut lachen,
und der Clown kann Faxen machen.
Jeder macht so, was er kann.
Doch was mache ich denn dann?"

Die Sonne ist zwischen den Wolken herausgekommen, das Kind schaut empor, hält eine Hand vors Gesicht. Da steht es einen Augenblick ganz regungslos. Der Engel sieht, wie es strahlt. Dann läuft es zurück ins Haus, zu den anderen.

Streit

Der Schutzengel steht im Durchgang eines Hofes. Neben ihm lehnt ein kleiner Junge; er drückt sich fest gegen die Mauer. Sie beobachten Kinder auf dem Hof. Einige spielen ein Hüpfspiel. Aber da kommen zwei Jungs und fangen Streit an. Was sie sagen, versteht der Schutzengel nicht, es ist zu weit weg. Aber er sieht, wie sie sich bewegen. Der eine der beiden Jungen reckt seinen Oberkörper vor und macht die Schultern ganz breit. Er sagt etwas zu den Spielenden. Die unterbrechen ihr Spiel und ducken sich fast ein wenig. Aber ein Mädchen erwidert ihm dann. Sie streiten. Andere mischen sich ein.

„Das sind zwei ganz böse Jungs", sagt der Junge neben dem Schutzengel. „Immer mischen sie sich ein, wenn andere Kinder spielen, und machen dann alles kaputt."

„Zwei ganz böse Jungs", wiederholt der Schutzengel und schaut dem Streit weiter zu. Dann meint er: „Schau einmal auf den Kleineren davon. Wie er sich bewegt – ich glaube, er hat Angst."

„Er ist nicht so schlimm wie der andere", meint der Junge. „Aber auch er kann ganz gemein sein."

„Laßt ihr ihn denn mitspielen?" fragt der Schutzengel.

„Natürlich nicht", entgegnet der Junge ganz empört. „Er würde doch nur alles kaputtmachen."

„Aber vielleicht will er auch nur mit anderen Kindern zu tun haben", meint der Schutzengel. „Und wenn das nur mit Streiten geht … Wenn er einfach nur mitspielen dürfte, dann gäb es vielleicht gar keinen Streit."

„Vielleicht", meint der Junge. „Aber wirklich schlimm ist der andere", sagt er dann.

Der Schutzengel schaut dem Streit weiter zu. Dann sagt er: „Bei ihm sieht man keine Angst. Aber ich glaube, er hat auch welche."

Er schaut zu dem Jungen neben sich. „Kennst du die alten Ritter?" fragt er.

„Ich hab so ein Buch", meint der.

„Ihre Rüstungen waren so dick und hart, daß man sie selbst gar nicht mehr dahinter sehen konnte."

„Außer sie klappen das Helmvisier zurück", meint der Junge und lacht.

„Aber das tun sie nicht, wenn sie streiten", sagt der Schutzengel. „Der Junge dort", meint er dann, „der hat so etwas wie eine Rüstung um sich. Man sieht ihn selbst gar nicht mehr dahinter."

„Wer will *den* schon sehen", sagt der Junge neben dem Engel verächtlich.

„Vielleicht ist er deshalb so böse", meint der Schutzengel. „Nach dem Turnier, da legen die Ritter ihre Helme ab und essen zusammen. Wenn sie wissen, daß sie sich gegenseitig nichts mehr tun, dann legen sie die Helme und Rüstungen ab."

Der Junge schweigt und schaut auf den Hof hinaus.

„Aber der böse Junge dort", sagt der Schutzengel, „er hat so große Angst; er würde nie glauben, daß die anderen ihm nichts tun wollen. Vielleicht streitet er deshalb immer. So zeigt er, daß ihm niemand etwas anhaben kann."

Der Schutzengel ist weitergegangen, die Straße hinunter. Nun schaut er einmal nach Christian: Da liegt er in seinem Bett. Wieder ist eine Sekunde der Nacht vergangen.

Kinderrunde

Hinter dem Haus ist ein Garten. Da sind Obstbäume, Blumen und Gras. Flieder blüht am rostigen Zaun. Sieben, acht Kinder sitzen im Gras. Leise tritt der Engel hinzu, denn die Kinder haben gerade etwas ausgemacht: Jeder erzählt, wovor er Angst hat.

„Ich hab Angst vor Hunden, besonders vor großen", beginnt Michael. „So wie der von Reinhardts, am Straßenende. Ich weiß nicht warum, denn gebissen hat mich noch nie ein Hund, und auch sonst niemanden, den ich kenne. Außer meine Schwester einmal. Und vor der habe ich keine Angst. Aber wenn ich den Hund nur von weitem sehe, dann krampft sich in mir schon alles zusammen."

„Dabei ist der Hund nett", sagt Heike. „Viel netter als unser Mathelehrer zumindest. Vor dem nämlich habe *ich* Angst. Er kommt immer in die Klasse und stellt seine Aufgaben."

„Aber beißen tut er nicht!" meint Hans-Jürgen. Alle lachen.

„Nicht beißen, aber er ist streng, und ich bin einfach schlecht in Mathe. Und wenn er mich anschaut und fragt, und ich weiß die Antwort nicht … Manchmal wüßte ich sie sogar, aber dann ist das wie, wie …" Heike sucht nach einem Wort.

„Wie das Kaninchen vor der Schlange", hilft Moritz. „Das sitzt auch da und starrt ihr in die Augen, statt einfach abzuhauen." Wieder lachen die Kinder.

„Abhauen wär ja auch schlecht. Aber einfach die Lösung sagen … Aber das ist schwer, denn dann bin ich so aufgeregt, dann kann ich gar nicht mehr rechnen", sagt Heike.

„Das geht mir auch so", sagt Benni. „Bloß in Lesen statt in Rechnen. Wie soll man nur all die Wörter richtig lesen, wenn man

116

aufgeregt ist! Dann macht man bestimmt alles falsch und stottert herum."

„Mußt halt nicht aufgeregt sein", singt Marie.

„Du hast wohl gar keine Angst!" Benni ist sauer.

„Nein!" sagt Marie fest. „Außer vor Gespenstern und Einbrechern vielleicht", fällt ihr dann ein. Die anderen stoßen sich an.

„Was soll ich auch denken", sagt sie schnell, „wenn sich nachts die Gardinen so komisch bewegen. Und alles sieht anders aus. Nichts sieht man richtig. Neulich dachte ich, als ich da lag, der eine Blumentopf sei ein Kobold. Wo doch der Mond so komisch geschienen hat. Aber als ich Licht angemacht habe, da war es klar."

„Ich hab manchmal Angst vor anderen Kindern", sagt Axel, der bisher geschwiegen hat. „Oder eigentlich nicht Angst – ich trau mich bloß nicht, mit ihnen zu sprechen. Im Hof zum Beispiel, da spielen Kinder; ich will mitspielen, aber ich trau mich nicht hinzugehen und das zu sagen."

„Und warum nicht?" fragt Marie.

„Ich weiß nicht", meint Axel. „Vielleicht weil ich denke, sie könnten nein sagen. Das wär doch schlecht."

„Aber wenn du nicht fragst, dann spielst du sowieso nicht mit. Und mehr als das kann doch auch nicht passieren, wenn du fragst", entgegnet Benni.

„Schon", sagt Axel. „Aber … Ach, ich weiß auch nicht."

„Ich hab Angst vor dem, was man im Fernsehen sieht", meint Lina. „Vor Krieg und Bomben und so. Das ist doch schrecklich. Das könnte doch auch bei uns passieren. Das stell ich mir vor."

„Ich hab vor allem Angst vor größeren Kindern. Oder vor Erwachsenen", sagt Alexander. „Und ich weiß auch warum: Die sind nämlich stärker als ich. Der Krieg ist woanders, aber die größeren Kinder und die Erwachsenen, die sind hier."

Alle lachen.

„Aber das macht doch nichts", meint Marie. „Du bist stärker als ich, aber ich hab keine Angst vor dir."

„Nicht?" fragt Alexander. Er macht sich ganz groß und streckt seine Brust raus. „Jetzt immer noch nicht, du kleine Marie?" fragt er mit ganz, ganz tiefer Stimme. Marie kichert und schüttelt den Kopf.

„Weil du mich kennst", sagt Alexander wieder normal. „Aber all die größeren Kinder und Erwachsenen, die kenne ich nicht."

„Und die Fragen in Klassenarbeiten, die kenne ich auch nicht", meint Mona düster. „Stark sind sie zwar nicht, aber völlig unbekannt. Und vor allem die Antworten."

So reden die Kinder noch hin und her. Aber der Engel hat genug gehört. Leise entfernt er sich wieder.

„ ‚Größer sein‘, ‚es *könnte* passieren‘, ‚kenne ich nicht‘ …", murmelt er vor sich hin. Der Engel schüttelt den Kopf. „Warum stellen sie sich bloß bei manchen Dingen das Schlechte vor, das sein könnte? Es kommt doch gar nicht oft vor! Und es gibt doch auch Gutes! Was wäre wohl, wenn die Kinder sich immer nur das Gute vorstellen würden? Das sollten die Kinder tun!"

Der Engel strahlt. Er hat wieder etwas gelernt. Jetzt verschwindet er in einem Wirbel aus Licht. In Christians Schlafzimmer taucht er auf. Wieder ist eine Sekunde der Nacht vergangen. Sanft streicht er Christian über die Haare.

Lied von dem, was der Engel sieht

Der Engel sieht:
Kinder sind groß, und Kinder sind klein.
Der Engel sieht:
Mal sind sie zusammen, mal sind sie allein.
Der Engel sieht:
Die Kleider sind rot und grün und blau.
Der Engel sieht:
An der Ampel stehen alle im Stau.

Der Engel sieht:
Manche spielen im Puppenhaus.
Der Engel sieht:
Manche gehn in den Wald hinaus.
Der Engel sieht:
Ob nun mit oder ohne den Kern,
der Engel sieht:
alle essen sie Trauben gern.

Der Engel sieht:
Manche sind ganz mutig und stark.
Der Engel sieht:
Manche tun nur so, reden Quark.
Der Engel sieht:
Manche reden gar nicht so viel.
Der Engel sieht:
Doch eigentlich ist das wie ein Spiel.

Gespensterpudding

Lisa fährt zusammen, als sei ein Blitzschlag durch sie gegangen. Sie zieht die Bettdecke übers Gesicht und die Knie ganz an den Bauch. Da liegt sie nun, zusammengekrümmt und versteckt. Ihr Herz pocht. Klopf klopf, klopf klopf. Ihr Atem geht ganz schnell, ein und aus, ein und aus – und unter der Bettdecke bekommt sie sowieso nicht viel Luft.

Nach einiger Zeit macht sie ein Loch zwischen Bett und Bettdecke und lugt hinaus. Frische Luft, Luft ... Aber da ist es wieder! Eigentlich möchte sie schnell die Bettdecke wieder herunterziehen, aber sie kann nicht. Und dieses Wesen im Lichtglanz, es flüstert: „Warum versteckst du dich nur? Ich will doch mit dir reden! Du mußt mir sagen, was Angst ist."

Lisa ist ganz verdutzt. Sie lauscht der Stimme und vergißt zu antworten.

„Bitte sag doch etwas", flüstert das Lichtwesen wieder.

Lisa schrickt nochmals zusammen. „Wer bist du?" flüstert sie dann zurück.

„Ich bin der Schutzengel von Christian", antwortet das Lichtwesen. „Und ich suche danach, was Angst ist. Vielleicht kannst du es mir sagen."

Lisa kommt unter der Decke hervor. „Angst?" fragt sie erstaunt. „Angst, das ist einfach, wenn man sich fürchtet. Vor Gespenstern vielleicht." Sie lacht leise. „Ich dachte nämlich, du seist ein Gespenst. Weil es doch Nacht ist", fügt sie hinzu.

„Gespenster hab ich noch nie getroffen", meint der Schutzengel nachdenklich. „Ob es sie gibt? Ich glaube nicht. Aber auch wenn es sie gibt, warum solltest du dich vor einem Gespenst eigentlich fürchten?"

„Ich weiß nicht", murmelt Lisa. „Weil es eben Menschen erschreckt. Ich denk mir: Was es wohl will? Und ich kenne es nicht."

„Dann fürchtest du dich gar nicht vor Gespenstern, sondern davor, was sein könnte", meint der Schutzengel.

„Aber es *könnte* doch wirklich sein", meint Lisa. „Oder auch nicht", meint der Schutzengel. „Wenn du jedenfalls etwas anderes denken würdest, hättest du keine Angst."

„Aber was könnte denn sonst sein, wenn es Nacht ist und dunkel, und die Gardinen sich so komisch bewegen?" fragt Lisa.

„Vielleicht fliegt gerade ein Topf Schokoladenpudding vor dem Fenster vorbei", meint der Schutzengel. „Ein Topf Schokoladenpudding, er dampft durch die Luft, fliegt durch das Fenster, dreht ein paar Runden und verschwindet wieder, zum Mond oder zu dem kleinen Stern gleich links hinter dem Mondrand."

Lisa lacht.

„Hast du jetzt Angst?" fragt der Schutzengel.

„Jetzt natürlich nicht", meint Lisa, immer noch kichernd. „Das ist doch lustig!"

„Angst hat man also nicht, wenn man lacht", überlegt der Schutzengel. „Dann müßte die Angst eigentlich weniger werden, wenn man etwas Lustiges daraus macht. Wenn man sich nichts überlegt, wovor man sich fürchtet, sondern etwas, worüber man lacht."

„Einen Schokopudding", kichert Lisa. „Oder einen Engel", meint sie dann leise und betrachtet die wehenden Farben.

„Wieso, sind Engel denn lustig?" fragt der Schutzengel.

„Nein, aber schön", meint Lisa. „Und dann hab ich auch keine Angst."

„Danke", meint der Schutzengel und neigt ein wenig sein Haupt. Er lächelt. „Du hast mir geholfen. Gute Nacht."

Er macht eine kleine Bewegung und verschwindet. In Christians Zimmer taucht er wieder auf. Er zieht die Gardinen zurecht und setzt sich auf die Bettkante. Nachdenklich schaut er auf Christian. Wieder ist eine Sekunde der Nacht vergangen.

Auf dem Schulhof

Auf dem Schulhof ist allerhand los. Das ist nicht immer so. Meistens stehen hier nur drei alte Kastanienbäume herum und träumen. Aber jetzt ist große Pause. Da träumen sie sicher noch immer, denn Kastanien lassen sich nicht so leicht stören. Die Kinder aber lachen und tollen umher. Still waren sie in der Klasse genug.

In einer Ecke des Pausenhofs gibt es Streit. Da sind Thorsten und der lange Harald aneinandergeraten. Das hat seinen guten Grund – aber den kennt der Engel nicht, als er dazukommt. Er ist auch gleichgültig. Wichtig ist nur, wie sie da gegenüber stehen, Harald und Thorsten: die Fäuste geballt, denn Worte haben sie sich genug an den Kopf geworfen. Die ersten waren schon nicht so freundlich – und dann wurde es immer heftiger. Schließlich war gar kein Platz mehr für Worte, und da ballten sich eben die Fäuste. Aber die Worte drängten noch immer heraus.

Der Engel beobachtet die beiden genau: Die Muskeln sind angespannt, weiß die Gesichter, die Körper sind ganz gerade aufgerichtet und wirken so größer als sonst. Wut und Angst: Man kann es fast riechen. Wut über den anderen, die möchte sich Luft machen. Und Angst, daß es dann Schläge gibt, und keiner weiß, für wen. Wenn die Wut noch ein wenig größer wird, dann geht es wohl los.

Worte hin und her. Andere Kinder stehen im Kreis um die beiden. Jetzt ist ein paar Sekunden Schweigen. Und dann wendet sich Thorsten an einen anderen Jungen und fragt nach den Hausaufgaben für Rechnen. Der ist ganz verwirrt. „Ich hab sie mir aufgeschrieben. In der Klasse ist das Heft." Und so geht der Streit einfach auseinander. Die Kinder verlaufen sich.

Es läutet. Die Pause ist zu Ende. Die Kinder strömen langsam zum Eingang. Der Engel ist nicht von Thorstens Seite gewichen. Jetzt, wo die anderen abgelenkt sind, macht er sich sichtbar und fragt ihn: „Was hast du getan? Alles sah nach einer Prügelei aus. Und plötzlich war nichts, wie eine Seifenblase, die platzt."

Thorsten schaut scheu in die Augen des Engels. „Ein Wort gibt halt das andere", meint er. „Das wird immer schlimmer. Da muß man einfach abbrechen, etwas ganz anderes machen. Ich hab eine kurze Atementspannung gemacht, nur auf meinen Atem geachtet – und auf Harald natürlich. Drei Atemzüge nur. Da war schon eine Unterbrechung da. Und dann hab ich etwas ganz anderes mit jemand ganz anderem geredet. Da war der Streit einfach neben mir, nicht mehr in mir."

„Geht das denn?" fragt der Engel.

„Das geht schon", meint Thorsten. „Du hast ja gesehen. Aber es ist manchmal schwieriger. Wenn Harald nämlich unbedingt hätte weiterstreiten wollen, dann wäre es schwerer gewesen. Er hätte mich ja auch an der Schulter packen können und brüllen, ich solle mit ihm reden. Aber er wollte wohl auch keinen so schlimmen Streit und war deshalb froh, als ich plötzlich etwas anderes tat."

„Und was hättest du gemacht, wenn er dich so an der Schulter gepackt oder dich angerempelt hätte?" fragt der Engel.

„Na, vielleicht hätte es dann doch eine Prügelei gegeben", meint Thorsten und lacht. „Aber vorher hätte ich noch irgend etwas gesagt oder getan, das ihn überrascht hätte – oder etwas, über das man normalerweise lachen muß. Das macht eine Prügelei schwerer."

„Und was wäre das?" fragt der Engel.

„Ich hätte zum Beispiel einfach sagen können: ‚He, paß doch auf!' Als hätte er das gar nicht mit Absicht gemacht. Oder noch besser: Ich hätte sagen können: ‚Der Deutschlehrer ist einfach blöde!' Irgend etwas, das den Streit unterbricht. Je weniger es paßt, um so besser. Wenn er nichts damit anfangen kann, dann wird er unsicher und muß überlegen. Und dann wird es kaum etwas mit einer Prügelei."

Thorsten grinst. „Er ist ganz schön raffiniert", denkt sich der Engel. Dann dankt er ihm und verschwindet vom Schulhof. Wieder in Christians Zimmer, geht er ans Bett und zieht die Decke zurecht. „Ich habe etwas gelernt", flüstert er. Eine weitere Sekunde der Nacht ist vergangen.

Worte

Larissa liest im Geschichtenheft

Larissa liegt auf dem Sofa. Sie liest im Geschichtenheft. Als Ralf und Linda sie nämlich neulich nach dem Geburtstag ihrer Mutter fragten und so geheimnisvoll dabei taten, da wollte Larissa natürlich wissen, warum. Die beiden rückten dann endlich damit heraus, daß es um ein Geschichtenheft ging, das sie Larissas Mutter gern schenken wollten. Larissa sagte ihnen gleich den Geburtstag. Aber natürlich nur im Tausch. Sie wollte dafür das Geschichtenheft. Das bekam sie dann auch, zwei Tage lang, bis zum nächsten Geschichtentreff. So liegt sie nun auf dem Sofa und schmökert darin herum. Einmal hat sie schon alles gelesen, gestern war das. Und heut merkt sie, daß sie beim zweiten Mal viel entdeckt, was ihr zuerst gar nicht aufgefallen ist.

Jetzt liest sie etwas ganz Verrücktes. Da geht es über eine Geschichte, in der die Dinge reden. Eine Feder redet dort, der Boden redet, über den der Junge geht, Holz redet, sogar der Schweiß des Jungen redet. „Damit sind aber keine Wörter gemeint", denkt sich Larissa. „Die Dinge sagen einem etwas, aber ganz ohne Wörter, irgendwie anders. Aber sie *sagen* etwas, ganz deutlich, wenn man bloß hinhört."

Das geht ihr so durch den Sinn. Aber gleich denkt sie weiter. „Die Dinge reden, ganz ohne Wörter. – Aber die Wörter reden doch auch!" Larissa ist plötzlich ganz aufgeregt. Sie weiß selbst nicht genau, warum. Schnell setzt sie sich auf ihrem Sofa auf und

125

legt das Heft neben sich. Sie schaut sich um, nach den Dingen um sich herum. Jetzt redet eigentlich nichts.

Larissa erinnert sich, wie sie früher einmal einer Puppe den Arm ausgerissen hat. Das ist lange her, aber sie hat es nicht vergessen. Das war so etwas, da hat die Puppe auch wie geredet, bloß ohne Worte. Sie hat geredet, weil Larissa etwas mit der Puppe getan hat. Larissa hat das Armausreißen damals gefallen. Aber irgendwie hat sie doch auch gehört: Das war schlecht.

Dinge sagen einem, was gut und was schlecht ist. Worte sagen das auch. Aber irgend etwas ist doch noch anders, ob es nun Dinge sind oder ob Worte, die reden. Larissa überlegt, was denn so ein Unterschied ist. Da fällt ihr plötzlich eine andere Geschichte ein. Sie schlägt das Heft wieder auf und sucht hastig nach ihr. Da ist sie!

Larissa fährt mit dem Finger unter der Überschrift lang: „Halb voll, halb leer", heißt die Geschichte. Da reden zwar auch Dinge, zwei Gläser nämlich, aber sie reden in Worten. Larissa liest die Geschichte nochmal. Und da weiß sie plötzlich, was ein Unterschied ist. Die Dinge sagen ohne Worte vielleicht, was richtig und falsch ist. Aber die Worte, die sagen das nicht nur, die *machen* das sogar! Wenn das eine Glas „halb voll" sagt und das andere „halb leer", dann *macht* das etwas mit dem Glas. Das eine ist dann nämlich traurig, das andere ist froh. Obwohl sie doch beide genau gleich halb voll oder halb leer sind! Aber „halb voll" *klingt* einfach anders als „halb leer", und so *macht* das eben auch etwas anderes bei dem, der es spricht oder hört. In dieser Geschichte macht es traurig oder froh. Und das ist schon ein Unterschied!

„Die Worte sind es, die vieles machen", sagt Larissa sich leise vor, wie sie es meistens tut, wenn sie etwas behalten will oder wenn sie etwas schön findet und noch einmal haben möchte. „Die Worte sind es, die Worte! – Und wie man die Worte versteht!"

Aber wenn das so ist, dann muß sich doch auch etwas verändern, wenn man die Worte verändert. Wenn das eine Glas traurig ist, weil es „halb leer" sagt, das andere aber froh mit seinem „halb voll", dann, ja dann, dann muß doch eigentlich das erste Glas weniger traurig werden, wenn es statt „halb leer" nun „halb voll" sagt!

Larissa springt auf. „Ich bin froh!" ruft sie. Und nach einer kleinen Pause: „Ich bin traurig!" Larissa kommt es so vor, als sei sie tatsächlich ein bißchen froher beim ersten Ruf gewesen als dann beim zweiten. Nicht viel, aber ein bißchen. Schnell läuft sie zur Tür. Dann kehrt sie nochmal um und versteckt das Geschichtenheft. Das will sie später Ralf und Linda zurückgeben. Und ihre Mutter muß es bis dahin nicht unbedingt finden.

In der Diele hält Larissa nochmal inne und überlegt, was sie eigentlich will. „Ich will nach Worten suchen", sagt sie sich selbst, „nach Worten, und was sie verändern. Und danach, was sich verändert, wenn einer andere Worte für sie macht."

Larissas Lied von den Worten

Worte machen so oder so,
machen traurig, machen froh.
Larissa, Larissa, achte auf sie!
Aber wie nur? aber wie?

Ich schließ die Augen und sag „Sonne",
und hell und warm wird es in mir.

127

Das ist fast so, als wär die Sonne
nur auf mein Wort schon hier.

Ich schließ die Augen und sag „Regen"
und merk, die Sonne ist nun fort.
Alles ist dunkler, wie bei Regen,
und nur wegen dem Wort!

Worte machen so oder so,
machen traurig, machen froh.
Larissa, Larissa, achte auf sie!
Aber wie nur? aber wie?

Dann wegen irgendeiner Sache
sagt Michael schnell: „Dumme Kuh!"
Da werd ich wütend. Das gibt Rache!
Doch dann sag ich nur einfach: „Muh!"

Und weil ich außerdem noch lache,
gibts keinen Ärger oder Streit.
Das ist bloß lustig, was ich mache,
und das tut keinem leid.

Worte machen so oder so,
machen traurig, machen froh.
Larissa, Larissa, achte auf sie!
Aber wie nur? aber wie?

Die Lisa, die ist oft so traurig,
der sag ich mal, daß ich sie mag.

Dann ist sie nicht mehr ganz so traurig,
auf jeden Fall nicht diesen Tag.

Und weil ich ihr das manchmal sage,
sagt sie es einmal auch zu mir.
Und so kommt alles, was ich sage,
zu mir zurück – und auch zu dir.

Worte machen so oder so,
machen traurig, machen froh.
Larissa, Larissa, achte auf sie!
Aber wie nur? aber wie?

Auf dem Rummelplatz

Auf dem Rummelplatz stehen ganz viele Buden und Karusselle –
Larissa weiß gar nicht, wo sie zuerst hinschauen soll. Und überall
geht laute Musik. Außerdem ist da noch die Zuckerwatte, die ihr
der Vater gekauft hat. Dauernd hängt sie direkt vor ihrer Nase.
Durch die ißt Larissa sich erst einmal durch.

Als die Zuckerwatte aufgegessen ist, sitzt Larissa plötzlich auf
einem Schaukelpferd. Und das springt los, immer im Kreis, zu einer ziemlich schnellen Musik. Zwei Mädchen sitzen auf Elefan-
ten vor ihr und lachen wie verrückt. Larissa schließt die Augen
und merkt, wie ihr schwindlig wird. Da fallen ihr wieder die
Worte ein, und was Worte alles bewirken. „Liebes Pferdchen,
mach Galopp, fröhlich im Kreise, hopp, hopp, hopp“, sagt sie

sich fest vor. Und das reimt sich sogar! Der Schwindel geht vorbei, und sie selbst sitzt wieder ganz fest auf dem Rücken des Holzpferds.

Auch auf der Riesenschaukel klappt das gut. „Hoch im schönen Himmel, wie ein leichter Engel", sagt sie sich vor, und die Höhe sieht nicht mehr so gefährlich aus, sondern ist freundlich und schön.

Blöd ist nur, daß sie dann Heike treffen. Heike ist zwar ihre Freundin, aber sie macht dauernd irgendwelche verrückten Sachen, und schwindlig oder mulmig wird ihr anscheinend nie. Natürlich will sie sofort mit Larissa in die Geisterbahn. Und Larissas Eltern kaufen tatsächlich zwei Fahrscheine! Da sitzen sie nun, nebeneinander im Wagen, und vor ihnen beginnt die dunkle Höhle mit all den Schauergestalten!

„Ich mach einfach die Augen zu", sagt sich Larissa erst. Aber dann fällt ihr etwas viel Besseres ein: „Ich mach die Geister freundlich, mit Worten!"

Und schon geht es ab, der Wagen rollt los! Larissa wird nun schon mächtig mulmig. Aber als der Wagen im Innern der Höhle ist, geht es gleich besser. „Witzfiguren, Witzkanonen, freßt aus meiner Hand", sagt sich Larissa vor und lacht gleich zur Probe. Und das funktioniert auch ganz gut. Natürlich erschrickt sie ab und zu doch, aber sie ruft dann etwas Freundliches oder Witziges zu den Gestalten und lacht, und alles geht viel besser als das erste Mal, als sie in der Geisterbahn fuhr. Damals hatten ihr nachher die Knie schrecklich geschlottert.

Heike lacht fast noch lauter als Larissa, und bald macht es Larissa sogar Spaß. Weil sie lacht. Und weil Heike lacht und bei ihr ist. Und überhaupt, weil sie den scheußlichen Geistfiguren alles Mögliche zurufen kann, ohne daß die ihr etwas tun dürfen.

Fast ist es ein bißchen schade, als sie wieder ins Helle rollen. Sie kneift die Augen im Licht zu und öffnet sie wieder. Sie springt aus dem Wagen. Da sind die Eltern. Und Heike springt neben ihr hoch. Gleich gehen sie weiter zum Losstand, und vielleicht wird sie dort sogar etwas gewinnen.

Sänger und Filmstars

Larissa ist traurig. Sie hat Streit mit Heike bekommen. Larissa erzählte nämlich von ihrem neuen Lieblingssänger. Ganz begeistert war sie und dachte, Heike werde das nun auch. Aber Heike lachte dazu und meinte, daß sie den Sänger einfach bloß blöde finde. Da war Larissa sauer und sagte das gleiche über einen Filmstar, von dem sie weiß, daß Heike ihn mag. Heike lachte dann nicht mehr, sondern gab ihr einiges dafür an Worten zurück. Ein Wort gab das andere, und kein Wort kam freundlicher zurück, als es ausgeschickt wurde. Zuletzt nannten die Freundinnen nicht mehr den Sänger und den Filmstar nur blöde, sondern sich gegenseitig.

Larissa ist nun alleine.

Sie versucht, irgend etwas zu tun. Aber wenn sie nur kurz die Augen schließt, denkt sie an Heike. Und sie sieht Heike dann vor sich, sieht ihr verzerrtes Gesicht bei dem Streit, sie hört ihr Lachen und ihre Beschimpfungen. Das tut ihr weh und macht sie immer noch wütend.

„Blöde Kuh!" murmelt sie vor sich hin.

Je mehr Zeit vergeht, umso geringer wird ihre Wut auf Heike, aber umso trauriger wird Larissa. Bald ist nur noch die Trauer da.

Aber wenn sie die Augen schließt, sieht Larissa immer noch Heikes verzerrtes Gesicht.

„Die Wörter haben das schlecht gemacht, die Wörter machen es auch wieder gut", denkt sie. Sie schließt die Augen. Sie beginnt freundliche Worte zu Heike zu sagen. Und sie merkt, wie Heikes Bild langsam anders wird, freundlicher, heller. Sie denkt daran, wie sie mit Heike früher gespielt hat, was sie alles zusammen erlebt haben. „Du bist meine beste Freundin", murmelt sie vor sich hin. Und nach langem Zögern endlich: „Es tut mir leid."

Heikes Bild ist nun schon fast ganz freundlich und hell geworden, und Larissa fühlt sich viel besser. Aber ganz gut ist es noch nicht. Dazu muß Larissa Heike alles auch wirklich sagen, das weiß sie. Und sie macht sich auf den Weg. Sie macht sich auf den Weg zu Heike, und wenn sie dort ist, kann sie ihr jetzt sicher auch sagen, daß es ihr leid tut. Mit freundlichen Worten. Hoffentlich kann Heike das auch.

Auf dem Flußweg der Hund

Heike mag keine Hunde. Nein, das stimmt eigentlich nicht. Denn das wäre dann so wie mit den Makkaroni. Heike mag nämlich auch keine Makkaroni. Aber mit denen ist es eine ganz andere Sache. Die schmecken ihr bloß nicht – vor Hunden aber hat sie Angst.

„Du brauchst doch keine Angst haben, Hunde sind lieb!" sagt ihr jeder. Und mancher fragt noch dazu: „Warum hast du denn Angst vor Hunden?"

Das weiß Heike auch nicht. Sie weiß nur, daß es so ist. Das merkt sie gleich, wenn sie einen Hund sieht, besonders einen großen. Erst stockt ihr der Atem – und geht dann besonders schnell. Dann ist sie plötzlich schweißnaß, und ihr Herz fängt wie wild an zu pochen, alles in ihr verkrampft sich, und am liebsten möchte sie schnell weglaufen.

Neulich hatte Heike einen Streit. Wegen irgendwelcher Sänger oder Filmstars hat sie sich mit ihrer besten Freundin Larissa verkracht. Der Krach hat ihr gefallen, denn irgendwie war sie den ganzen Tag über schon schlechter Laune gewesen. Und da hatte es gut getan, sich mit jemandem richtig zu zanken, mit den Füßen wild aufzustampfen und sich gegenseitig zu beschimpfen. Da hat sie sich gleich besser gefühlt.

Bloß nachher war das nicht gut. Denn was, wenn sie jetzt wirklich mit Larissa verkracht wäre? Nicht bloß für einen kurzen Streit, sondern für immer? Und sie hat sich sehr schlecht gefühlt, noch viel mehr als vor dem Streit.

Aber zum Glück ist Larissa dann vorbeigekommen, und sie haben sich versöhnt und ziemlich gelacht. Und dabei hat Larissa ihr von den Worten erzählt und was man mit ihnen anstellen kann. Wie man Dinge besser machen kann, indem man andere Worte für sie findet, Worte die guttun statt schlecht.

Nun gehen Heike und Larissa zusammen zum Sport. Eigentlich ist das ein schöner Weg, direkt am Fluß. Aber Heike mag den Weg nicht besonders, weil hier viele Leute ihre Hunde ausführen. Heike hat sich deshalb schon oft geärgert und das auch Larissa schon öfter gesagt. „Warum lassen die Leute ihre Hunde die Kacke nicht bei sich zu Hause machen?" hat sie gemeint. Aber genützt hat das natürlich nichts.

Und jetzt sieht sie vor Larissa und sich schon wieder so einen großen Hund auf sich zu kommen. Irgendwo weiter hinten ist der Besitzer. Das findet Heike immer am schlimmsten, wenn der Hund groß ist und niemand bei ihm, dem er gehört.

Heike verlangsamt unwillkürlich ihre Schritte. Larissa, die das bei ihr schon kennt und den Hund auch gesehen hat, faßt sie bei der Hand. „Denk an die Worte", sagt sie zu ihr.

„Aber der Hund ist wirklich da, jetzt helfen Worte doch nichts", entgegnet Heike heftig und spürt schon, wie sie zu schwitzen beginnt.

„Vielleicht helfen sie doch ein bißchen", meint Larissa. Dann fügt sie hinzu: „Der Hund ist noch weit weg. Schließ jetzt einfach mal die Augen und stell ihn dir vor. Aber stell ihn dir vor, wie er lacht! Und dann sag ein paar freundliche Worte zu ihm, in deiner Vorstellung."

Und Heike versucht es. Schließlich ist Larissa da, die wird ihr schon sagen, wenn der Hund wirklich rasch herläuft. Sie schließt die Augen und stellt sich den Hund vor. Sie stellt sich sein Lachen vor. Und sie flüstert Worte wie: „Lieber Hund, braver Hund, gehst gerne am Fluß, schön wie du lachst, du magst Kinder doch."

Sie hält Larissas Hand ganz fest und öffnet wieder die Augen. Der Hund schnüffelt hier und da und trabt langsam näher.

„Und sag dir die freundlichen Worte einfach noch weiter, die ganze Zeit", meint Larissa zu ihr. Langsam gehen sie weiter. „Und mach auch ein freundliches Gesicht, lach ein bißchen", sagt Larissa noch. „Dann lacht auch der Hund."

Heike bemüht sich, ein freundliches Gesicht zu machen. Ob das klappt, weiß sie nicht. Aber auf jeden Fall sagt sie beim Gehen dauernd freundliche Worte in sich hinein und stellt sich den Hund ganz freundlich vor.

Dann gehen sie einfach am Hund vorbei. Ein Stückchen weiter

bleibt Heike stehen und schaut sich um. Das Hinterteil des Hundes verschwindet gerade hinter einer Wegbiegung. „Puh!" meint sie erleichtert. Und dann sind sie auch gleich beim Sport.

Mark

Heikes Bruder heißt Mark. Das heißt, eigentlich heißt er ja Markus, aber alle nennen ihn immer Mark. Viele kennen seinen richtigen Namen gar nicht. Jedenfalls ist er in der Schule schlecht. Nachhilfe bekommt er zwar reichlich, aber über Vieren gehen die Noten trotzdem kaum mal hinaus.

„Er traut sich nichts zu", sagen die Nachhilfelehrer.

„Er traut sich nichts zu", sagen die Lehrer in der Schule.

„Er traut sich nichts zu", sagen alle um ihn herum.

„Ich kann eben nichts", sagt er über sich selbst – und fühlt sich sehr schlecht dabei.

Heike erzählt ihm gerade alles über die Worte, wie sie es von Larissa gehört hat. Was die Worte schlecht machen, was sie gut machen können. Mark hört ihr genau zu, aber sein Blick ist gesenkt.

„Das ist ja schön und gut mit dem Hund", meint er schließlich, „aber ich mag Hunde gern. Ich muß mir nichts vorsagen deshalb."

„Aber das mit den Worten läßt sich fast überall tun", sagt Heike. „Zum Beispiel auch in der Schule. Statt dir dauernd vorzusagen, daß du nichts kannst, sag dir doch vor, was du kannst!"

„Aber wenn ich nichts kann, dann hilft doch das Vorsagen nichts", meint Mark.

„Wenn du wirklich nichts gelernt hast, hilft das allerdings nichts", sagt Heike. „Aber so ist das doch meistens gar nichts. Das ist doch so: Die Lehrerin fragt etwas, und du weißt vielleicht die Antwort, aber du weißt nicht, ob sie richtig ist. Und weil du denkst, daß du sowieso nichts kannst, meldest du dich nicht, sondern andere strecken und bekommen dann die bessere mündliche Note. Oder wenn du direkt gefragt wirst, denkst du: Ich weiß ja eine Antwort – Aber du sagst sie nicht, um nichts falsch zu machen. Und schon bekommst du eine schlechte Note."

„Aber ich hab mich doch schon gemeldet, und es war falsch", sagt Mark.

„Und weil es einmal oder zweimal falsch war, bekommst du jetzt *immer* eine schlechtere Note, weil du nämlich *nie* mehr streckst", sagt Heike. „Das ist doch blöd!" setzt sie noch hinzu und stampft mit dem Fuß auf.

Sofort tut es ihr leid, denn sie weiß, wie komisch Mark sein kann, wenn er das Wort „blöd" hört.

„Sag dir einfach, was du alles kannst!" fährt sie deshalb schnell fort. „Sag es dir immer wieder innerlich vor, dann verscheucht es langsam die anderen Worte."

Mark grinst nur schief.

Heike spricht weiter: „Sag dir vor: Ich kann – Rollschuh fahren, beim Bäcker einkaufen, die Zähne putzen, mich anziehen, Fahrrad fahren, Schwimmen …"

„Das ist doch alles klar", ruft Mark.

„Aber wenn du dir vorsagst, was du kannst, dann kommst du langsam in eine gute Stimmung. Wenn du dir dagegen vorsagst, daß du nichts kannst, dann wird deine Stimmung schlecht. Und gut in der Schule wirst du kaum mit einer schlechten Stimmung, sondern doch viel eher mit einer guten!" Heike ereifert sich richtig. „Mit einer guten Stimmung gehst du lieber in die Schule. Mit einer guten Stimmung arbeitest du dort mehr mit. Mit einer guten

Stimmung machst du lieber Hausaufgaben. Mit einer guten Stimmung ist alles einfach – besser."

„Hm", Mark überlegt. „Aber mit der Schule haben die Sachen, die ich kann, eben doch nichts zu tun, Rollschuhfahren und so", meint er dann.

„Aber du weißt auch viel für die Schule", sagt Heike. „Vor allem, wenn du gelernt hast. Und statt immer daran zu denken, was du vielleicht nicht weißt, denkst du jetzt eben mal daran, was du weißt, und sagst dir auch immer vor, daß du das weißt. Sag dir auch: Ich kann die Vokabeln – wenn du gelernt hast. So kommt das bessere Gefühl, und dann kommen auch die besseren Noten – wenn du auch lernst."

So also redet Heike mit Mark. Und er nickt am Ende dazu und meint, daß das schon stimme und er es deshalb probieren wolle.

Als sie allein ist, muß Heike plötzlich lachen. Sie ist stolz auf sich und was sie nun weiß. Aber dann denkt sie daran, daß das alles eigentlich nur von ihrem Zank mit Larissa kommt. Ohne den Zank wäre Larissa nicht zu ihr gekommen und hätte ihr von den Worten erzählt. Und sie hätten dann wohl auch nicht das mit dem Hund versucht. „Wozu ein Streit doch gut sein kann", denkt Heike und lacht noch einmal. „Aber nur, wenn man sich nachher wieder versöhnt." Und sie packt ihre Schulsachen. Larissa muß nun gleich kommen.

„Baumschule"

Die ganze Zeit nach dem Aufstehen bis zum Frühstück geht Larissa ihr Traum nicht aus dem Kopf. Sie hat von einer Baumschule geträumt, von so einem Garten, wie ihn die Gärtnerei Leibrecht hat, wo all die kleinen Bäume wachsen, bis sie irgendwann einmal ausgegraben und an die Straßenränder oder in die Gärten der Menschen verpflanzt werden. Aber in ihrem Traum sind die Bäume dort nicht einfach gewachsen, sondern sie haben dort auch noch gelernt, weil es ja „Baumschule" heißt.

Da war ein Gartenzwerg, von dem haben die Blüten gelernt, wie man ein Apfel oder eine Birne oder eine Zwetschge oder eine Kirsche wird. Alle Blüten saßen dort auf der Wiese vor dem Gartenzwerg und hörten zu, was er ihnen erzählte. Sogar winzige Holzbänke gab es, immer eine Bank für zwei Blüten.

Larissa hatte sich zu verstehen bemüht, was der Gartenzwerg den Blüten alles erzählte. Aber der sprach so leise, daß sie kaum etwas mitbekam. Er stand vor einer kleinen Tafel, und neben der Tafel hing eine Karte, auf der ein Baum abgebildet war. Mit seinem Stock, einem langen Grashalm, zeigte der Gartenzwerg immer wieder auf die verschiedenen Teile des Baumes und erklärte etwas dazu. Aber was, das konnte Larissa gerade nicht verstehen.

Die Blüten hinter ihren Holzbänken tuschelten manchmal heimlich miteinander und kicherten, aber manchmal schrieben sie auch etwas auf, in ihre winzigen Hefte. Die waren aus Baumblättern gemacht. Plötzlich schrillte die Pausenglocke, und alles ging durcheinander.

Larissa merkt dann leider schnell, daß es nicht die Pausenglocke ist, sondern ihr Wecker. Den hat sie erst neulich bekommen und ist sehr stolz auf ihn, obwohl er sie dauernd weckt.

„Warum muß ich eigentlich in die Schule?" fragt Larissa nun beim Frühstück.

Die Mutter schaut überrascht. „Warum, bist du krank?" fragt sie dann.

„Nein, nein", sagt Larissa. „Aber die Bäume oder Blüten, die müssen doch auch nicht zur Schule, obwohl es „Baumschule" heißt – die wachsen da ja nur. Keine Blüte muß lernen, wie sie ein Apfel wird."

Die Mutter lacht und schaut dann nach ihrem Kaffeewasser, das gerade kocht. Als sie wiederkommt, lacht sie noch immer. Fast verschüttet sie sogar ein bißchen von der Milch, als sie die in den Kaffee gießen will.

„Wer weiß, vielleicht müssen die Blüten ja auch in eine Schule", meint sie dann. „In der Nacht zum Beispiel, wenn alle Menschen schlafen."

Larissa hält den Atem an. Denn der Mutter hat sie ihren Traum doch noch gar nicht erzählt!

„Aber vielleicht brauchen sie auch gar nicht zur Schule", fährt die Mutter dann allerdings fort, während sie sich ein Marmeladenbrot schmiert. „Denn ein Apfel werden ist nicht schwer – oder eine Kirsche", meint sie dann nach einem Blick auf das Marmeladenglas. „Aber dafür werden sie am Schluß auch bloß zu Marmelade gemacht", sagt die Mutter und dreht das Marmeladenglas so, daß Larissa die Aufschrift sehen kann. Es ist Kirschmarmelade.

Larissa ißt morgens eigentlich gar keine Brote. Aber jetzt muß sie doch kurz schlucken. Und dann geht sie zur Schule. Auf dem Weg dorthin überlegt sie sich, daß sie die Schule künftig „Baumschule" nennen will. Dann kann sie immer an die schönen Blüten und den Gartenzwerg denken, und alles wird irgendwie heller und fröhlicher. Aber Marmelade werden, das will sie doch lieber nicht.

Tuschel, tuschel, Heimlichkeiten …

Larissa steht vor der Musikschule. An der Absperrung lehnt sie; es ist noch zu früh. Sie summt ein Lied vor sich hin. Sie versucht, sich an den Text zu erinnern. Da fallen ihr wieder die Worte ein. Sie schaut sich um, ob sie irgend etwas entdecken kann.

An der Ecke beim Spielplatz sieht Larissa drei Mädchen beieinander. Zwei Jungen kommen vorbei. Die Mädchen stecken die Köpfe zusammen und tuscheln und kichern, und immer wieder schauen sie dabei auf die beiden Jungen.

Die Jungen tun so, als sähen sie das gar nicht. Sie bleiben an der Absperrung vor der Musikschule stehen und warten. Wahrscheinlich haben sie auch einen Kurs. Da stehen sie nun und fingern an ihren Taschen herum.

Langsam wird es Zeit. Die drei Mädchen stehen auf und schlendern auf den Eingang der Musikschule zu. Auch die Jungen setzen sich in Bewegung. Das Tor der Musikschule ist hoch, aber eng. Alle gleichzeitig passen nicht durch. Als die Mädchen hineingehen, rempelt einer der Jungen dem hintersten in den Rücken, wie aus Versehen. Aber es ist kein Versehen. „Au", schreit das Mädchen, aber schnell läuft es weiter. Dann sind auch die Jungen hindurch, und das Tor schließt sich wieder.

Larissa steht noch draußen. Sie wartet auf ihre Freundin Heike und schaut derweil den Autos auf der Straße zu. „Das war die Macht der Worte", sagt sie sich ganz erstaunt. „Obwohl die Jungen überhaupt nicht verstanden haben können, was die Mädchen getuschelt haben. Aber *daß* sie tuscheln, das haben sie gemerkt, und es hat sie geärgert. Und weil er wütend war, hat ein Junge eines der Mädchen gestoßen."

140

Larissa lehnt an der Absperrung und wartet, und dabei überlegt sie, wer Recht hat. „Recht hat gar niemand", fällt ihr dann ein. „Das war einfach so! Oder nicht?" Und da kommt Heike! Das ist auch einfach so, und sie wartet auf Heike, und zusammen gehen sie in die Musikschule hinein.

Wolken

Mark ärgert sich tüchtig. Denn in der Schule zieht ihn die Lehrerin immer auf. Vor allen anderen! „Bist du wieder in den Wolken?" hat sie ihn heute gefragt. Bloß weil er keine Antwort auf ihre blöde Frage wußte. Die Frage verstand sowieso keiner, auch die anderen nicht. Daß Anuscha dann doch eine Antwort wußte, war reines Glück. Und daß er ab und zu aus dem Fenster schaut, ist doch klar. Dauernd auf die Tafel oder auf die Lehrerin schauen, das macht krank. Einmal hat er es getan, einen ganzen Tag lang, weil es daheim immer hieß: „Du mußt dich besser konzentrieren. Paß besser auf!" Aber danach war ihm schlecht, und der Kopf tat auch weh.

Überhaupt schaut Mark die Wolken eigentlich erst an, seit die Lehrerin ihn damit immer ärgert. Vorher hat er bloß so aus dem Fenster gesehen. Diese blöde Kuh! Wolken sind besser. Er ist auch überhaupt nicht so schlecht in der Schule. Und ob er besser sein könnte, das interessiert ihn nicht. Das interessiert immer bloß andere. Warum eigentlich?

Nur die Wolken nicht. Die ziehen einfach dahin. Das gefällt Mark so an ihnen. Eigentlich, überlegt er sich und muß dabei leise in sich hineinlachen, eigentlich hat erst die Lehrerin ihm das gezeigt, das mit den Wolken. Denn vorher hat er ja nur so zum Fenster

141

hinaus geschaut. Warum muß sie die Wolken jetzt schlechtma-
chen? Die weißen mag er am liebsten, die bauchigen, hohen, die
Wanderwolken. Aber manchmal gefallen ihm auch gerade die
dunklen. Vor allem, wenn ein Gewitter kommt, wenn sie in einer
breiten Linie voranziehen und es langsam ganz dunkel wird, dunkel am Tage. Aber die Schäfchenwolken hat er auch gerne.

Wahrscheinlich hat irgend jemand der Lehrerin erzählt, daß er
sich ein Buch über Wolken gewünscht hat, zum Geburtstag.
Wahrscheinlich seine Schwester oder die Mutter, bei dieser „El-
ternsprechstunde". Bekommen hat er das Buch trotzdem. Da
steht allerhand drin, in dem Buch. Wahrscheinlich weiß er mehr
über Wolken als die ganze Klasse zusammen. Bloß daß das nie in
einer Arbeit drankommt. Aber das ist gerade gut. Denn dann wäre
es ja bloß „Stoff". Und „Stoff", den haben sie in der Schule den
ganzen Tag, und dann noch zu Hause. Aber draußen wandern die
Wolken am Himmel.

Oder dieses: „Bist du wieder beim Wolkenmalen?". Er malt die
Wolken gar nicht an. Sie gefallen ihm gerade so, wie sie sind. So ein
Quatsch! Mark muß wieder leise in sich hineinlachen. Er stellt sich
eine rosa angemalte Wolke vor, und jetzt ein paar grüne Karos darauf, und gelbe Streifen. Und dahinter das Gesicht der Lehrerin.

Die ganze Zeit ist Mark nur so vor sich hingegangen. Jetzt am
Spielplatz schaut er sich um. Niemand da. Nur hinten am Kick-
platz kann er Micha und Christian sehen, zwischen den Bäumen.
Aber die kann er eh nicht so leiden, da geht er lieber zum Aus-
sichtspunkt und schaut über das Land. Die Berge sind heute ganz
klar zu sehen. Und die Wolken. Über den Bergen ist eine Gewitterfront. Mark schaut, ob er Regenstriche fallen sieht. Vielleicht,
am hinteren Ende der Front ... Aber er ist sich nicht sicher.

Regen!

Mark muß plötzlich an die Macht der Worte denken. Die Worte, um die Larissa und Heike in letzter Zeit so ein Theater machen. Die Lehrerin, das fällt ihm jetzt ein, denkt immer nur an Luft, wenn sie an Wolken denkt. Und Luft ist nichts wert. Bloß ihre Kreide ist etwas wert oder die Note im Arbeitsheft. Oder sie denkt wirklich ans Anmalen, ans Wolkenanmalen, was doch gar nicht geht. Sie denkt bloß daran, wie blöde das wäre. An den Regen aber denkt die Lehrerin nicht.

Mark steht da und schaut zur Gewitterfront hinüber. Sie rückt langsam vor, aber weit weg, über den Bergen. Er sieht die Wolken und denkt an den Regen. Der Regen fällt aus den Wolken zur Erde und macht die Welt grün. Er bringt Kraft und alle Lebendigkeit. Ohne den Regen gäbe es das Gras nicht, die Bäume nicht, gäb's keine Fische, gäb's überhaupt keine Tiere. Es gäbe nichts zu trinken, nichts zu essen, es gäbe keine Menschen. Und eigentlich, fällt Mark ein, gäb's ohne Regen damit auch keine Schule. Der Regen aber kommt von den Wolken. Also gäbe es ohne die Wolken gar keine Schule – und keine Lehrerin.

Mark muß lachen. Er schaut noch einmal zu den Wolken hinüber. Er strahlt. Dort schüttet es wahrscheinlich gerade vom Himmel. Aber er strahlt wie die Sonne.

Wenn ich morgen wieder die Wolken sehe, aus dem Klassenzimmer, dann denke ich dran, nimmt Mark sich fest vor. Die Wolken sind Kraft. Die Wolken sind frisch und lebendig. Und wenn ich daran denke, dann kommt ein bißchen von ihrer Kraft auch in mich – wie ja auch ein bißchen von ihrer Kraft mit dem Regen auf die Erde kommt. Und die Kraft verwende ich dann in der Schule wie die Pflanzen das Wasser.

Der Lehrerin aber verrate ich nichts!

Literatur

Boden, Liselotte M.: Meditation und pädagogische Praxis. Kösel, München 1978.

Friebel, Volker: Die Kraft der Vorstellung. Mit Visualisierung die Selbstheilung anregen. Trias, Stuttgart 1993, Buch mit Tonkassette (eine Taschenbuchausgabe ohne Kassette erschien 1996 bei Rowohlt, Reinbek).

Friebel, Volker: Wie Stille zum Erlebnis wird. Sinnes- und Entspannungsübungen im Kindergarten. Herder, Freiburg im Breisgau 1995.

Friebel, Volker: Welche Farbe hat die Stille? Wie Kinder lernen, sich zu entspannen. Eine Anleitung für Eltern. Buch mit Tonkassette. Trias, Stuttgart 1995.

Friebel, Volker & Susanna zu Knyphausen: Geschichten, die Kinder entspannen lassen. Spielerisch Ausgeglichenheit und Konzentration fördern. Südwest, München 1995.

Friebel, Volker: Weiße Wolken, stille Reise. Wahrnehmungs- und Entspannungsgeschichten für Kinder ab vier Jahren. Buch mit Tonträger. Ökotopia, Münster 1996.

Friedrich, Sabine & Volker Friebel: Einschlafen, Durchschlafen, Ausschlafen. Rowohlt-Taschenbuch, Reinbek 1993.

Friedrich, Sabine & Volker Friebel: Trau dich doch! Wie Kinder Schüchternheit und Angst überwinden. Rowohlt-Taschenbuch, Reinbek 1996.

Keyserlingk, Linde von: Geschichten für die Kinderseele. Herder, Freiburg im Breisgau 1995.

Leuner, Hanscarl: Katathymes Bilderleben. Grundstufe. Einführung in die Psychotherapie mit der Tagtraumtechnik. Ein Seminar. Thieme, Stuttgart 1970.

Manteufel, Eva & Norbert Seeger: Selbsterfahrung mit Kindern und Jugendlichen. Kösel, München 1992.

Ortner, Gerlinde: Märchen, die Kindern helfen. Geschichten gegen Angst und Aggression, und was man beim Vorlesen wissen sollte. dtv, München 1993 (Original 1988 bei Orac).

Woeller, Waltraud und Matthias: Es war einmal ... Illustrierte Geschichte des Märchens. Edition Leipzig, 1990.

Der Autor führt zusammen mit einer Kollegin für Menschen, die beruflich mit Kindern zu tun haben, Seminare durch, in denen es um Entspannung, Phantasiereisen und meditative Übungen für Kinder geht. Interessenten wenden sich bitte an:

Sabine Friedrich, Griesweg 17, 72160 Horb-Bildechingen